JN085156

浅井義裕 [著]

The Role of Insurance in
SMEs' Financing

中小企業金融における

保険の役割

中央経済社

まえがき

　本書は，わが国の中小企業金融における保険やリスクマネジメントの役割を明らかにしようと試みるものである。データの制約などから，中小企業について，銀行融資以外，特に，保険による資金制約の緩和を分析したものは，世界的に見てもほとんど例がなかった。本書では，損害保険や生命保険が，中小企業の資金制約を緩和する手段として，重要な役割を果たしていることを明らかにしていく。

　中小企業は全企業のうち，企業数で99.7％，従業員数で68.8％（中小企業庁『中小企業白書（2020年版)』）と，日本経済の中で重要な役割を果たしている。確かに，私たちの周りには，中小企業を経営している人，勤めている人がたくさんいて，中小企業は生活に身近な存在である。ところが，企業金融の分析というと，上場企業や大企業に焦点を当てたものが多く，中小企業金融については明らかになっていないことが多い。また，中小企業の分析というと，急速に成長した企業の成功譚のようなもの，零細企業の悲哀を描いたものなど，事例の紹介が多く，数値に基づいて，平均的な中小企業の実態を把握しようとすると，困難に直面することも多い。

　保険については，保険商品や制度の成り立ちについて，多くの研究が積み重ねられてきている。家計における保険についても，研究だけではなく，一般向けの書物も多い。しかしながら，企業における保険となると，研究の蓄積も少なく，上場企業ですら，どのような種類の保険が，どの程度購入されているのかなど，明らかになっていることは少ない。中小企業と保険となると，さらに情報は限られる。

　こうした「中小企業」と「保険」の研究で，共通している点は，中小企業と保険に関して，「量」の側面で，明らかになっていることが少ないことであろう。実際に，平均的な中小企業が，どのような種類の保険を，どの程度購入し

ているのかなど，本書の中で明らかになってきたことも多い。たとえば，本書の分析の対象となる中小企業（製造業）の規模は，従業員数が平均70人（中央値で53人）で，1年間で購入している損害保険料は，平均約490万円（中央値で約255万円），生命保険料は平均約881万（中央値で300万円）である。当期純利益の平均が，約3,500万円（中央値で1,600万円）であることを考えると，中小企業は，かなりの金額を保険に費やしていることが確認できる。

　中小企業の保険に関するデータを分析して，論文を執筆し始めたことがきっかけで，生命保険会社や損害保険会社，保険代理店に勤務する人たちに向けて，中小企業の保険需要に関するお話をする機会が多くなってきた。お話をしているうちに，企業は複数の保険会社・代理店から保険を購入しているので，保険会社といえども，中小企業が，どのような種類の保険を，どの程度購入しているのかについて，正確に把握できている訳ではないことがわかってきた。筆者が知りたいと思っていたこと，つまり，「中小企業は，どのような保険を，どの程度購入しているのだろうか？」という疑問に対して，一定の回答を示そうとする試みは，社会のニーズに応えるものであることが確認できた。また，日本では，災害も多く，中小企業がどの程度保険で備えているのかを明らかにすることは，政策を立案する際に把握しておく必要があるかもしれない。本書では，中小企業の保険購入状況を把握した上で，仮説の検証など，学術的な貢献を進めていくことを念頭に置いているが，実務的な観点，政策立案の観点からも貢献ができているとしたら，筆者の喜びである。

　また，中小企業と保険については，金融論の視点からの研究が少ない。同じような製造業の中小企業であっても，保険をたくさん購入している企業と，わずかしか購入していない企業が存在する。しかし，「なぜ，たくさん保険を購入する中小企業と，わずかしか保険を購入しない中小企業があるのだろうか？」という疑問に答えることができるような分析はほとんどなかった。本書では，金融論で用いられてきた，いくつかの考え方を提示して，データに基づく検証を行い，中小企業の保険需要などを説明しようと試みている。

　様々な金融機関や保険販売の現場で働いている方，中小企業を経営している

方，政策立案者の方には，日ごろの仕事の中で感じていたことがデータに基づく形で検証されたと感じる方もいらっしゃるかもしれない。一方で，本書で得られた結果は妥当ではないと感じる方もいらっしゃるかもしれない。現在，筆者ができる範囲で分析を試みたが，まだまだ論点は残っているため，今後も，研究者の方々，実務家の方々などからご意見を頂きながら，分析を積み重ねていきたいと考えている。拙いものではあるが，本書が，様々な金融機関，保険業の方々，政策の立場から中小企業に関わる方々が，中小企業と保険について，議論をする際のきっかけ，理解を深めるきっかけの1つとなれば，望外の喜びである。

　筆者が，中小企業金融と保険に関心を持つようになったのは，実は，個人的な体験にも基づいている。2000年代の後半に，父が定年退職し，母と一緒に，小さな企業を立ち上げたため，「メインで取引するのは信用金庫がよいだろう」など，研究に基づいた話をしていたが，保険について話をしようとすると，中小企業と保険については，両親に話ができるような研究の蓄積が十分に進んでいないことに気が付いた。近年でも，豪雨，台風，バブル崩壊，リーマンショック，東日本大震災，新型コロナウイルス感染症など，繰り返し，災害や経済危機が発生していて，今後も，中小企業は資金制約に直面する可能性がある。本書の結果がきっかけとなって，中小企業の経営に携わる方々の間で，保険を使って資金制約を緩和することが有効であるという認識が広がっていって，資金制約に直面して困る，中小企業の経営者や社員の方々が少なくなっていくことを願っている。

　　2021年1月

　　　　　　　　　　　　　　　　　　　　　浅井義裕

目　　次

第4章　中小企業における生命保険需要　　　　　　　　　97

序 章　**本書の目的および構成**

1. 本書の特徴と目的

　本書の目的は，わが国の中小企業の保険・リスクマネジメントの実態を明らかにした上で，データを分析することにより，中小企業金融における保険の役割を検討することにある。その際に，本書の対象となるのは，損害保険需要，生命保険需要，生命保険の解約，デリバティブ利用である。

　わが国の経済活動において，中小企業は極めて重要な役割を果たしている。中小企業基本法上の中小企業の定義は業種により様々だが，本研究が分析の対象とする製造業では，中小企業は資本金3億円以下，従業員300人以下，小規模事業者は20人以下である[1]。中小企業庁『中小企業白書（2020年版）』によれば，中小企業は全企業のうち，企業数で99.7%，従業員数で68.8%，中小企業の付加価値は52.9%である。つまり，わが国の経済活動に占める中小企業の割合は大きい。OECD（2016）によれば，OECD諸国の数値もほぼ同様で，中小企業は，それぞれの国の経済活動において，数においては99%，従業員数においては70%程度，そして，付加価値については50%から60%を占めている。

　本書が，中小企業金融における保険の役割に焦点を当てるのは，以下の理由による。第1に，中小企業の経済規模の大きさにもかかわらず，中小企業金融の研究の割合は少ない。中小企業は，企業数で99%以上，従業員数で約7割，付加価値は5割以上を占めているのであれば，企業金融分野の研究において，中小企業金融の研究の数も，それに比例していてよいだろう。しかし，実際に

は，データを得て分析がしやすいという事情から，上場企業・大企業の研究が多く，中小企業金融の研究が進んでいるとは言い難い状況にある。そこで，本書では，アンケート調査の結果を利用しながら，中小企業金融の分析を進めようとしている。

第2に，その重要性に比べて，保険分野の研究は少ないことが指摘できる。日本銀行『資金循環勘定』（2019年9月）に基づいて，金融機関の資産規模を比較すると，生命保険会社・損害保険会社の規模は，銀行・信用金庫などに対して2割強あるはずだが，保険の役割に関する実証分析は，数が少ないのが実態である。さらに，中小企業金融分野の研究では，多くが，中小企業・銀行の関係の実証分析に集中している。こうした傾向は，日本だけではなく，海外でも同じで，中小企業の保険・リスクマネジメントに関する研究は，重要であるにもかかわらず進んでおらず，研究上の大きな空白が生じている。つまり，上場企業の研究に比べると，中小企業の資金調達の研究は数少ないが，その中でも，保険の役割に焦点を当てた研究となると，ほとんど研究自体が存在していない。この研究上の空白に対して，実証的な研究結果を示していこうというのが，本書の狙いの1つである。

第3に，「中小企業金融」と，「保険」の研究を踏まえて，保険を中小企業金融の枠組みで捉えようと試みている点も，本書の特徴であろう。つまり，「銀行からの融資」，「保険金」といった，「銀行」，「保険」といった制度の枠組みで捉えるのではなく，中小企業の資金調達という「機能」の面に注目することで，銀行と保険を理解しようと試みている。

株式や社債の発行による，資金調達が難しい中小企業にとって，銀行などの金融機関からの融資は，主な資金調達の手段である。たとえば，工場が火災で焼失してしまった場合，銀行からの融資を受けて再建することも可能だが，火災保険を購入してあれば，保険金を受け取って，工場を再建することも可能である。もし，その中小企業が，銀行から融資が受けられないと予測していれば，火災保険を購入しておくことは，銀行からの融資に代わる，資金調達の手段である。つまり，資金調達先が限られる中小企業金融では，銀行や信用金庫から，

将来融資を受けられるかどうかという予想が，保険の購入に影響する可能性がある。幸い，銀行から融資が受けられるかどうかとは関係なく，保険を購入することは可能である。つまり，信用リスクが高くて銀行から融資が受けられなくても，火災保険の購入は可能である。本書では，「銀行との関係」と「保険需要」について，実証的な分析を進めている。

　第4に，政策に関する視点である。中小企業は，災害に脆弱であると指摘されることがあるが，中小企業が，どのような保険を，どの程度購入して，どのようなリスクに備えることができていて，備えることができていないかについて，ほとんど明らかになっていない。また，どのようなリスクマネジメントを実施していて，どのようなリスクマネジメントを実施していないのか，その違いはなぜ生じるのかなど，多くのことが明らかになっていない。大企業に比べて，政策の効果が大きいと考えられる中小企業だが，保険やリスクマネジメントについては明らかになっていることが少ないので，政策の効果をデータに基づいて検証するということが難しい状況にある。

　また，中小企業では，経営者個人への信用が，金融機関からの資金調達を支えている場合もある。経営者に万が一のことがあった場合のため，中小企業金融では，キーマン保険など，生命保険の購入が重要となってくる。また，経営者・従業員の退職に備えて，生命保険を購入しておくことも一般的である。生命保険の多くは，生命保険料が費用となるため，生命保険が，利益の変動を抑えて，経営安定化に役立つこともある。しかし，中小企業の生命保険を取り巻く税制は，頻繁に変更されているため，制度変更の影響について，検証も必要であろう。本書で採用している，「アンケート調査を実施して，得られたデータを分析する」という手法は，学術的な仮説を検証するだけではなく，Evidence-based Policy Making（証拠に基づく政策立案）の考え方に基づいた分析へと拡張できる可能性がある。

　最後に，第5として，保険の供給者である，生命保険会社や損害保険会社から見ると，中小企業向け保険市場は，今後，成長が期待できる，数少ない市場である。UK SME Insurance: Market Dynamics and Opportunities 2019によ

れば，イギリスの中小企業向け保険市場（2018年）は，6.3％成長したことを報告している。また，Swiss Re『日本の企業保険市場』（2019年4月）では，特に中小企業をはじめ，多くの日本企業はリスクに対する付保が不十分であるとしていて，長期的に企業保険市場の成長余地があると予想している。本書の分析は，成長が期待できる中小企業向け保険市場について，実証的な結果を提示するものであると言えるだろう。

　わが国では，人口の減少・高齢化に伴い，保険市場が縮小していくことが予測されている。他の先進国でも人口の減少・高齢化に直面している国があり，こうした国でも，保険市場が縮小していくことが予測される。つまり，わが国，そして，他の先進国では，長期的に保険市場が縮小していくことが予測されているが，そうした中で，中小企業向けの保険は，数少ない，成長が期待できる有望な市場であると考えられている。つまり，本書は，「どのような中小企業が保険を購入する傾向があるのか？」という，学術上の課題に対して，実証的な結果を示そうと試みているが，実務的な観点で本書を読めば，「どのような中小企業が保険を買ってくれるのか？」という，生命保険会社・損害保険会社・代理店などのマーケティング上の問いに対して，一定の見解が示されていることになる。

　本書の特徴は，わが国の製造業の中小企業に対してアンケート調査して，その回答結果を実証的に分析している点にある。つまり，通常は，入手することが困難な，中小企業のデータセットを構築して，それらを分析して，結果を示している点に特徴がある。また，本書で用いる分析手法は，Yamori (1999)をはじめとして，上場企業の保険需要の推計で用いられているものを，中小企業の特徴を考慮しながら，適宜修正したものである。

2.　本書の構成と要旨

　本書は，序章と終章を除いて，6章から構成される。第1章で，中小企業金融と保険需要に関する研究を概観している。第2章では，中小企業向けアン

ケート調査の結果を紹介している。続く，第3章から第6章では，第2章で紹
介したアンケート調査の結果を用いて，実証分析を行っている。本節では，本
書を貫くテーマである「中小企業の資金制約の緩和」という視点から，各章の
概要を紹介することで，本書の構造と概要について，あらかじめ読者に紹介し，
全体の分析の中で，各章の位置づけを明らかにしておきたい。

　第1章の，「リレーションシップバンキングと保険需要」では，中小企業は，
資金制約に直面していることを確認し，中小企業金融では，銀行や信用金庫と
いった金融機関が重要な役割を担っていることを確認する。そして，リレー
ションシップバンキングに関する先行研究の展開を概観する。銀行との関係が
密接ではない中小企業ほど，借入金利が高いこと，借り入れることができる資
金が制約されることを確認する。続いて，中小企業の資金制約を緩和するため
の手段として，保険が有効であるという可能性を指摘し，上場企業の保険需要
に関する先行研究を概観する。理論的研究の展開，上場企業の実証研究の結果
を概観し，保険需要は，節税効果，倒産確率，所有構造に影響を受けることを
確認する。また，わが国の中小企業金融の特徴を知る上で，中小企業と銀行・
信用金庫との関係，保険の役割を明らかにすることは，重要であることを確認
する。

　第2章の，「アンケート調査の集計結果」では，中小企業金融における，保
険・リスクマネジメントの役割を明らかにするため，中小企業向けに実施した，
アンケート調査の結果を紹介している。具体的には，2014年1月から2月にか
けて実施した，製造業・中小企業向けのアンケート調査（「企業の保険リスク
マネジメントに関する実態調査」）の結果を紹介している。「損害保険の購入」，
「主な生産設備のリスクマネジメント」，「生命保険の購入」，「耐震補強の実施」
や「金融機関との取引」などに対する回答結果を紹介している。さらに，「東
日本大震災と保険の関係」についても尋ねている。また，従来，あまり知られ
ていなかった，中小企業の保険・リスクマネジメントの実態を，数値によって
示している。

　第3章の，「中小企業における損害保険需要」では，第2章で紹介したアン

ケートに対して回答のあった，中小企業907社の損害保険需要の分析を行っている。本章の実証分析の結果は，節税効果，倒産確率，所有構造だけではなく，銀行との関係の密接さが，中小企業の損害保険需要に影響を与えていることを示している。本章の結果は，従来明らかではなかった，中小企業の損害保険需要の構造を明らかにしたという点で，学術的な貢献があるだけではなく，損害保険業界に対しても，損害保険を購入してくれる可能性が高い企業の特徴を示すことができている。また，政策立案者の立場からは，損害保険を購入してリスクに備えることができている企業，できていない企業の傾向を知ることができる資料として位置づけることができるだろう。

　第4章の，「中小企業における生命保険需要」では，第2章で紹介したアンケートの結果に基づいて，第3章同様の実証分析を行っている。大企業では，生命保険は資金調達の手段として重視されていないと考えられるが，中小企業では，経営者が死亡した場合，資金調達に困るという事態が発生する可能性があり，生命保険が，企業の資金調達に重要な役割を果たしている可能性がある。また，大企業とは異なり，オーナー経営者の場合，後継者に株式を引き継ぐため，生命保険が必要になる場合もある。第4章では，第3章と同様の分析モデルを用いて，中小企業の生命保険需要を分析している。第3章同様に，本章の結果は，どのような特徴を持つ中小企業が生命保険を購入する傾向があるのかを明らかにしているため，今後の学術研究の展開について示唆があるだけではなく，生命保険を購入してくれる可能性が高い企業を示している点で，実務的な含意もある。

　第5章の，「生命保険解約の実証分析」では，中小企業による生命保険の解約という事象を，資金制約の緩和という視点から捉える。中小企業は，生命保険を解約することが知られているが，加入していた生命保険を解約すれば，生命保険金が手に入るため，資金制約に直面した中小企業にとっては，短期的な資金調達の手段の1つとなっている可能性がある。一般的に，中小企業の財務情報を入手することは難しいが，財務情報ではない，「生命保険を解約した」という行動を外部から入手することはさらに困難である。本章では，第2章で

紹介したアンケートの結果を利用することで，従来は分析を行うことが難しかった，中小企業の生命保険の解約について実証的な分析を行っている。

　第6章の，「中小企業金融におけるデリバティブ利用」では，アンケート結果に基づいて，デリバティブ利用をしている企業の特徴について実証的な分析を行っている。リスクマネジメント目的と投機目的で，デリバティブを購入している中小企業が存在していることが，第2章のアンケート調査の結果からも確認できる。リスク管理という目的で捉えると，デリバティブを利用している中小企業も，保険を購入している中小企業も，利用している金融商品が異なるだけで，達成したい目的は一緒である。すると，第3章で検討した，保険需要の実証分析と，同様のモデルで分析することが可能であろう。第6章でも，第2章のアンケート調査で得たデータを基に分析を進めていく。

　以上が本書の概要である。これらの章の基となった論文を次に掲げておくこととしたい。

第1章

　佐藤一郎・浅井義裕（2013）「中小企業金融におけるリレーションシップバンキングと保険の役割」『城西現代政策研究』第7巻第1号　pp.3-21。

第2章

　浅井義裕（2015）「中小企業の保険需要とリスクマネジメント―アンケート調査の集計結果―」『明大商学論叢』第97巻第4号　pp.45-82。

第3章

　Asai, Yoshihiro（2019）"Why Do Small and Medium Enterprises Demand Property Liability Insurance?", *Journal of Banking and Finance* 106, pp.298-304.

第4章

　浅井義裕（2015）「わが国の中小企業における生命保険需要」『生活経済学研究』第42巻　pp.1-14。（2017年度　生活経済学会奨励賞　受賞対象論文）

第5章

浅井義裕（2015）「中小企業金融における生命保険解約の実証分析」『生命保険論集』第192号　pp.31-47。

第6章

Asai, Yoshihiro（2020）"Why Do Small and Medium-sized Enterprises Use Derivatives?",『明治大学商学部ディスカッションペーパー』No.13。

■注 ──────────────────────

1　21人以上300人以下の製造業企業を対象としてアンケートを送付しているため，実際には，小規模事業者以外の中規模事業者を分析していることになる。

第1章 リレーションシップバンキングと保険需要

1. はじめに

　わが国では，銀行借入から資本市場調達へのシフトという「銀行離れ」が進んでいると指摘されている。金融庁「金融改革プログラム─金融サービス立国への挑戦─」（平成16年12月）では，「市場機能の充実」や「利用者保護のルールの整備」の重要性を挙げていて，企業が市場から資金を調達する環境の整備，投資家が投資する環境の整備を進めてきた[1]。

　しかしながら，株式や社債の発行といった，市場からの資金調達は，すべての企業に当てはまるものではない。金融庁「利用者を中心とした新時代の金融サービス〜金融行政のこれまでの実践と今後の方針〜（令和元事務年度）」（令和元年8月）では，「金融仲介機能の十分な発揮と金融システムの安定の確保」として，中小企業と地域金融機関の関係強化を取り上げている。つまり，企業には，「市場からの資金調達を主とする企業」と，「銀行や信用金庫といった金融機関からの資金調達を主とする企業」がある。

　Berger and Udell（1998）は，企業の成長に伴い，企業の主たる資金調達手段は変化していくと主張している。つまり，大企業は，市場からの資金調達を行うが，比較的規模の小さい段階にある企業では，主に，銀行などの金融機関から資金を調達すると指摘している。わが国の総企業数において中小企業が占める割合は99.7％であり（中小企業庁『中小企業白書2020年版』），こうした中小企業では，金融機関からの資金調達が依然として重要である[2]。

　中小企業金融の研究分野では，リレーションシップバンキング（Relationship Banking）と呼ばれる銀行と企業の関係について，多くの研究が行われており，これらの関係が，「金利」や「利用できる資金の量（Availability of Credit）」にどのような影響をもたらすのかについて，いくつかのことが明らかにされつつある。本章では，こうした中小企業と金融機関（銀行や信用金庫等）の関係に関する研究を考察・整理した上で，「資金調達の手段」として，「保険」を位置づけることを試みる[3]。

　上場している大企業では，投資家は，世界中の，様々な企業に分散投資しているため，個々の企業のリスクマネジメントについては関心がないかもしれない。ところが，中小企業においては，所有が経営者などに集中しており，保険を購入するなど，リスクマネジメントを実施しようとする動機が上場企業とは異なっている可能性がある。また，「銀行と密接な関係を構築することができず，借り入れが難しい中小企業」，「信用リスクが高く，借入金利が高い中小企業」であっても，保険であれば，事故の確率に基づいて購入することができる。つまり，保険であれば，銀行との関係や企業の信用リスクとは関係なく，将来，保険事故が発生した場合に，資金を調達することができる。すなわち，中小企業にとって，保険は，重要な資金調達の手段である可能性がある。

　本章の構成は以下の通りである。まず，第2節では，リレーションシップバンキングの理論的な研究を概観している。第3節では，リレーションシップバンキングに関する実証的な研究，具体的には，リレーションシップ（銀行と企業の関係）が金利，利用できる資金に与える影響を概観している。第4節では，企業における保険需要の研究について概観している。最後に，先行する研究の結果を整理した上で，今後必要となる研究について展望を示している。

2. リレーションシップバンキングの理論的な研究

2.1. リレーションシップバンキングの定義

　Petersen and Rajan（1994）によれば，「リレーションシップバンキング（Relationship Banking）」とは，「貸出などの取引を通じた借り手と金融機関の密接な結び付き」のことを指す。中小企業金融においては，金融機関と企業の間のソフト情報の蓄積が，金融円滑化の基礎になっている。ソフト情報とは，経営者のやる気や会社の雰囲気など，数値化できないものの，貸出先の状況を判断するのに有用な情報のことである[4]。

　わが国でも，中小企業向け融資にあたって，金融機関がこれまでの取引関係や経営者の定性面等といったソフト情報を勘案することは，一般的に行われていた。たとえば王子信用金庫調査部（1997）では，法人融資のスコアリングを「財務評価70点＋非財務評価15点＋当金庫の保全15点」で行っていると紹介している。非財務評価の15点には「業歴及び業界見通し5点」「人物及び経営能力5点」が含まれており，さらに以上の配点を合計した上で，「各種取引状況」，「金庫への協力度合い」，「金庫企画旅行への参加度合い」，「地域との関わり度合い」等を加味して補正することが明示されている。つまり，銀行や信用金庫は，各種の活動を通じて，中小企業のソフト情報を収集しながら，その情報に基づいて，融資を行ってきたことが確認できる。

　本章では，「①取引年数」，「②取引行数」，「③銀行と企業の距離」の観点から，リレーションシップバンキングに関する理論的な研究や実証的な研究を概観して，第3章から行う，中小企業の保険需要の分析に備える。

2.2. 取引年数

　上場企業や大企業は，社債を発行することで，銀行から融資を受けるよりも，相対的に有利なコストで，資金を調達することができると言われている。つまり，銀行や信用金庫といった金融機関の主な取引相手は，上場企業や大企業で

はなく，情報の非対称性が大きい，中小企業などである。地方銀行や信用金庫といった金融機関は，中小企業についての情報生産を行い，そうして得られた情報をもとに融資を行うことができる。このようにして，銀行は，財務情報だけではなく，融資を行うことで得られた情報，決済口座から得られた情報を，ソフト情報として蓄積し，それらを将来の融資に役立てている。

Petersen and Rajan（1994）は，繰り返して，銀行と中小企業が取引を行うことで，逆選択やモラルハザードといった，情報の非対称性から生じる問題は軽減されると指摘している。また，Boot and Thakor（1994）は，銀行と中小企業の間で取引が行われる期間が長いほど，情報の非対称性から生じる問題は軽減されることを示している。つまり，先行する研究は，取引年数が長いほど，金融機関は，融資先の企業についてのソフト情報などを蓄積できるため，情報の非対称性の問題が緩和されて，中小企業は低い金利で，より多くの資金を借りることができるようになると指摘している。すなわち，取引の長い金融機関を有する中小企業は，資金制約が緩和されていると考えることができる。

2.3. 取引行数

金融機関の重要な役割の1つに，貸出先の情報生産活動がある。しかしながら，複数の銀行がモニタリングをすると，情報生産のコストが重複してしまうことになる[5]。また，金融機関が生産した情報は，コストをかけずに再利用されてしまうため，他の金融機関に「フリーライド（ただ乗り）」しようとするインセンティブが常に存在している。つまり，各金融機関には，こうしたフリーライドの問題が存在しているので（特に，複数の金融機関で1つの企業に融資している場合），貸出先企業の情報生産が十分に行われない可能性が常に存在する。また，複数の銀行が貸している企業に貸し出すと，破綻する際などに，他行の貸出を優先的に返済されてしまい，自分たちの銀行は返済を受けられない可能性もあり，積極的に貸出に踏み切れない可能性もある。中小企業への貸出は，特にソフト情報の生産が重要であるため，1つの銀行，もしくは少数の銀行が情報を生産し，そして貸出を行うため，必然的に，取引行数は少な

くなる傾向があると言われている。

　一方で，Detragiache, Garella and Guiso（2000）は，資本市場からの資金調
達などといった代替的な資金調達手段が乏しい国においては，取引行数が多く
なる可能性を指摘している。また，Bolton and Scharfstein（1996）は，倒産
処理において既存経営者の権利が大きい国ほど，安易な倒産申請が行いやすい
ため，結果的に経営の規律が緩むが，複数の銀行と取引していると，債権者と
の交渉が難しくなるため，経営の規律が緩みづらくなると指摘している。すな
わち，資本市場が発達していない国，そして，倒産処理において既存経営者の
権利が大きい国ほど，1つの中小企業が取引する銀行の数が増加する（既存経
営者の権利が小さく，債権者の権利が大きい国ほど1行，もしくは少数の銀行
と取引する）傾向があることを示している[6]。つまり，中小企業が取引する銀
行数は，その国の法制度などにも依存する可能性が高いことがわかる。

　小野（2011）は，日本の中小企業は，欧米諸国と比較すると，「銀行との取
引期間は長く」，「多くの銀行と取引をしている」ことが特徴であると指摘して
いる。つまり，日本の中小企業と銀行の関係について分析を行う際に，リレー
ションシップの代理変数として「取引年数」を用いると，平均的に中小企業と
銀行の関係は密接であると考えることができるが，「取引行数」を用いると，
平均的に中小企業と銀行の関係は密接ではないということになり，得られる結
果が逆になる可能性を指摘している。第2章で紹介するアンケートでは，取引
行数を尋ねているため，本書では，取引行数を，中小企業と銀行・信用金庫と
いった金融機関のリレーションシップを表す指標として採用している。

2.4.　距離

　企業と取引をする銀行との距離も，リレーションシップの強さを表している
と考えられることがある。つまり，銀行の支店と企業の距離が遠いと，銀行と
企業は，車や電車の移動などにより多くのコストをかけなくてはならないため，
面会の回数が減り，地域コミュニティから得られる情報も減るため，情報の非
対称性を緩和することが難しくなると考えられる[7]。したがって，企業と取引

をする銀行の距離が近いほど，金利は低下すると考えられる（Hauswald and Marquez（2006））。

　一方で，近年ではクレジット・スコアリングなどの貸出技術の発達で，銀行は遠い距離にある企業にまで貸出を行うようになってきていることが指摘されている。すなわち，遠い距離にある企業への貸出は，その企業の近くにある銀行との競争になり，企業と銀行の距離が遠い取引ほど，金利が下がる可能性が考えられる。また，利用可能な資金も増加するかもしれない。つまり，距離がある取引ほど金利が高くなり，利用可能な資金が減少する可能性と，距離がある取引ほど金利が低くなり，資金が増加する可能性が存在するため，実証的な研究結果を見ていく必要があるだろう。

3. リレーションシップバンキングに関する実証的な研究

　前節では，リレーションシップバンキングに関する理論的な研究を概観してきた。本節では，リレーションシップバンキングに関する実証的な研究を概観していく。リレーションシップバンキングに関する実証的な研究でも，理論的な研究と同様に3つの区分から先行する研究を概観している。

3.1. 貸出金利に影響を与える要因
取引年数

　Berger and Udell（1995）は，分析の対象をクレジットラインに限定して，リレーションシップが金利に与える影響を分析すると，リレーションシップが長いほど，金利が低いことを明らかにしている。Degryse and Van Cayseele（2000）は，ベルギーのデータを用いて，リレーションシップが長くなるにつれて，金利も高くなるものの，リレーションシップの範囲（様々な商品を購入している）が広がること，金利が低下することを明らかにしている。D'Auria, Foglia and Reedtz（1999）は，メインバンクだと，低い金利で資金を提供し

ていることを発見している。Butler（2008）は，地域の投資銀行は，ソフト情報を使って，より低い手数料で地域企業の社債発行を引き受けることができることを明らかにしている。Lehmann and Neuberger（2001）は，「長期的融資関係」という関係の長さではなく，「関係が安定している」という主観的な判断が，低い金利と関係していることを発見している[8]。また，Bodenhorn（2003）は，アメリカの19世紀のデータを用いて，取引年数が長いほど，貸出金利は低下することを発見している。Peltoniemi（2007）は，フィンランドのデータを使って，融資関係が長いと金利の支払いが減少し，リスクの高い企業の金利の支払いが，リスクの低い企業よりも大きく低下することを発見している。

　一方で，Angelini, Di Salvo and Ferri（1998）は，イタリアの貯蓄貸付組合と銀行のデータを用いて，貯蓄貸付組合の組合員である企業では，リレーションシップが長くなっても，金利は上昇しないものの，銀行と取引をしている企業や貯蓄貸付組合の組合員でない企業の場合，リレーションシップが長くなると金利が上昇することを発見している。つまり，銀行と取引をしている企業や貯蓄貸付組合の組合員でない企業の場合，ホールド・アップの問題から高い金利を要求されるようになっていると解釈できる。

　Petersen and Rajan（1994）は，アメリカのデータを用いて，取引年数の長さが，金利に与える影響は小さいことを発見している。つまり，取引年数が長くなって情報の非対称性が少なくなり金利が低下する効果と，取引年数が長くなって銀行が取引条件を決める力が強くなってしまうという，2つの相反する影響が相殺されているものと解釈することができる。同様に，Harhoff and Körting（1998）は，ドイツのクレジットラインの金利に関するデータを用いて，リレーションシップが，金利や担保の要求にどのような影響をもたらすのかを明らかにしようと試みている。その結果，取引している年数は，金利にあまり影響していないことを発見している[9]。

　上述の先行する研究の結果をまとめると，「リレーションシップは，貸出金利を下げる効果がある」とするもの（Berger and Udell（1995），D'Auria, Foglia and Reedtz（1999），Lehmann and Neuberger（2001），Bodenhorn（2003））

が多いが，「リレーションシップと貸出金利は関係がない」とするもの（Petersen and Rajan（1994），Harhoff and Körting（1998）），「リレーションシップは，貸出金利を上昇させる効果がある」（Angelini, Di Salvo and Ferri（1998））とするものも存在している。こうした相違は，どの金利を使って計測するのか，どの金融機関のデータを分析するのか，そして，どの国のデータを用いるのかによって生じているように見える。中小企業と銀行のリレーションシップを計測して，それらに基づいて分析を行う場合には，取引期間だけではなく，取引行数，距離などと併用するなど，工夫が必要であろう。

取引行数

　「取引行数」が少ない中小企業は，1つの銀行との取引関係が「密接」であると考えられていて，「取引年数」と同様に，リレーションシップの指標であると見なされることが多い。つまり，銀行が取引先の企業の情報生産活動をするインセンティブを十分に持っていると考えられている。Blackwell and Winters（1997）は，①取引銀行数が少ない企業は，金利が低いこと，②モニタリングの頻度と金利の関係について，長い関係のある企業にはモニタリングしないこと，そして，あまりモニタリングされない企業の金利は低いことを発見している。Petersen and Rajan（1994）も，中小企業が，複数の銀行と取引している場合，金利が高くなる傾向があることを発見している。先行する実証研究の結果は，取引行数が多い中小企業では，銀行や信用金庫といった金融機関との関係は密接ではなく，情報の非対称性の問題も十分に緩和されておらず，金利が高くなる傾向があると解釈できそうである。本書で，中小企業と銀行との関係をもとにして，保険需要の分析を進めていく際に，取引行数は，有用な変数となるだろう。

距離

　Grossman and Imai（2008）は，1889年から1938年までのわが国のデータを使って，当時の金融センターから遠くにある銀行は，貸出の金利が高く，スプ

レッドも大きい傾向があるが，こうした効果は情報通信の発達とともに減少していくことを発見している。

　Degryse and Ongena（2005）は，ベルギーのデータを用いて，貸す銀行と借りる企業の距離がある貸出ほど金利が低下すること，貸す銀行とその銀行のライバルとなる銀行との距離が遠くなるほど金利が上昇することを発見している。彼らは，距離がある企業へ貸出をすると，その企業の近くにある銀行との競争が激しくなるので金利が低くなるものと解釈している[10]。Agarwal and Hauswald（2010）も，企業と銀行の支店の距離が近いと，金利は高くなることを明らかにしている。

　つまり，先行する実証研究の結果からは，距離が近い取引ほど，情報の非対称性が少なく，金利も低くなると，断定することは難しい。金利に関する分析の結果を概観する限り，中小企業と金融機関のリレーションを計測するためには，「取引年数」，「取引行数」，「距離」のうち，1つだけではなく，複数の指標を用いていく必要があるだろう。

3.2.　利用できる資金の量に影響を与える要因

取引年数

　Petersen and Rajan（1994）も指摘している通り，利用できる資金（Availability of Credit）の増減などを実証的に検証することは難しい課題である。Petersen and Rajan は，利用できる資金の指標として，自己資金・銀行などからの借り入れ以外の資金を「利用できる資金が少ない指標」として用いることができるとしている。具体的には，企業間信用を挙げていて，特に，「支払いの遅れた企業間信用の割合が多いほど，利用できる資金が少ない」と定義して，実証的な分析に利用している。その結果，銀行と企業の取引年数が長くなるほど，利用できる資金の量は増加することを発見している。

　Cole（1998）は，銀行と企業の取引年数の長さが貸出を決めるのではなく，以前に企業と取引があったかどうかが，貸出の可否や金額を決めることを明らかにしている。特に，銀行で普通預金口座を開いていて，資金管理のサービス

を既に受けていると，借り入れの申し込みが受け入れられる確率が高まることを明らかにしている[11]。Angelini, Di Salvo and Ferri（1998）は，イタリアの貯蓄貸付組合のデータを用いて分析した結果，貯蓄貸付組合の組合員である企業は，利用できる資金の量が多いのに対して，貯蓄貸付組合の組合員でない企業は，利用できる資金の量は多くないことを明らかにしている。Lehmann and Neuberger（2001）は，ドイツのデータを用いて，格付けの悪い企業，銀行との取引関係が短い企業は，利用できる資金が少なくなることを発見している。

　Akhavein, Goldberg and White（2004）は，アメリカの中小銀行の農場への貸出を分析して，①長期的貸出関係が存在するほど，貸出額は増加すること，②新規参入銀行は，他の銀行に比べて，より多くの割合を小さい農場に貸し出す傾向があること，③中小銀行の中でも，銀行の規模が大きくなるほど，小さな農場への貸出は減ることを発見している。Bodenhorn（2003）は，アメリカの19世紀のデータを用いていて，長期的貸出関係が存在すると，危機の時も資金調達に困らないことを発見している。

　上記の先行研究をまとめると，「取引年数」が長くなると，銀行と企業の間に存在する情報の非対称性が緩和し，その結果，企業が銀行から借りて利用できる資金は増加する傾向があるという点で，先行研究の結果は一致していることが確認できた。

取引行数

　Petersen and Rajan（1994）は，複数の銀行から借り入れている中小企業では，金利が高く，利用できる資金も少ないことを発見している。Cole（1998）は，複数の銀行と取引している中小企業へは，融資額を増やさない傾向があることも発見している。また，Cole, Goldberg and White（2004）は，複数行と取引している企業は，利用できる資金が減ることを確認している。Harhoff and Körting（1998）は，企業設立からの年数が経つと利用できる資金は増加するが，企業経営が悪化し取引する銀行の数が増えると，利用できる資金は減

少することを発見している。Jiangli, Unal and Yom（2008）は，通貨危機の時に，取引銀行数が少ない企業は，韓国とタイにおいて資金を借り入れることができる確率は高いが，フィリピンとインドネシアでは影響がなかったことを明らかにしている。

　一方で，Hernández-Cánovas and Martínez-Solano（2007）は，スペインのデータを使って，取引行数と資金の利用可能性の分析をしている。その結果，取引行が増えるほど，利用できる資金が増えることがわかった。また，企業間信用（Trade Credit）と銀行貸出の間には，代替関係があることも明らかになった。

　海外の先行する研究から判断すると，取引行数と利用できる資金量は，その国の制度に依存する可能性がある。日本のデータを用いて，リレーションシップと保険需要の分析を行う際には，「取引行数」だけではなく，「取引期間」や「距離」などを併せた分析を行い，結果の解釈を行う必要があるだろう。

距離

　2.4項で述べたように，銀行と中小企業の距離が近いと，リレーションシップに基づいた貸出を行うことは容易であると考えられる。つまり，銀行と中小企業の距離が近ければ，銀行と中小企業の情報の非対称性が緩和し，その結果，貸出が増加する可能性がある。Alessandrini, Presbitero and Zazzaro（2009）は，銀行と企業の（物理的な）距離が近くなると，貸出が増加することを発見している[12]。Degryse and Ongena（2007）は，銀行の支店と企業の距離が近いと，企業は融資以外の金融商品を購入し，長期的融資関係を持つ傾向があること，大銀行の支店はトランザクション貸出（ハード情報に基づいた貸出）をする傾向があること，大銀行の支店のトランザクション貸出は特定の産業に偏らない傾向があることを発見している。Agarwal and Hauswald（2010）は，企業と銀行の支店の距離が近いと，貸出額は多くなることを明らかにしている。Degryse, Matthews and Zhao（2018）は，通常時は，物理的な距離と，利用できる資金の量に関係はないが，金融危機の際には，物理的な距離が近い企業

の方が，利用できる資金の量が多くなる傾向を発見している。

　先行する実証研究の結果からは，中小企業と金融機関の距離が近いと，利用できる資金が増加すると言えそうである。本書では，以下の章の分析で，中小企業の資金調達に関する分析を進めていくが，中小企業と金融機関のリレーションシップの指標，つまり，企業にとっては資金制約の程度を表す指標として，「取引行数」を用いていく。また，「取引行数」を補完する形で，「距離」を用いて分析を進めていく。

4. 企業の保険需要に関する理論的・実証的な研究

　Doherty（2000）や柳瀬・石坂・山﨑（2018）をはじめとした，ファイナンス，保険・リスクマネジメント分野の一般的な教科書は，リスクは資本市場で分散可能であると説明している。上場している大企業へ投資している株主は，多くの企業に分散投資しているので，理論的には，1つ1つの企業に対してリスクマネジメントを経営者に求めない，つまり，企業固有リスク（Idiosyncratic Risk）を管理するように求めない可能性を指摘している。たとえば，特定の企業に事故が起こって収益が減少したとしても，同じ産業のライバルとなる企業から，同じ程度，増加した収益を得られるのであれば，個々の企業に，保険購入などのリスクマネジメントを求めることなく，その分を投資し，配当することを求めるかもしれない。

　一方で，Doherty（2000）や柳瀬・石坂・山﨑（2018）は，保険を購入するなど，リスクマネジメントを実施すれば，破綻確率が低下して，金利をはじめとした各種契約条件の改善，もしくは税効果などによって，企業価値が向上する可能性があるとしている。損害保険を購入することで，信用リスクが低下して，銀行から借り入れる金利が，保険料（厳密には付加保険料）以上に低下するのであれば，株主は，企業に，保険購入など，リスクマネジメントを行うことを求める可能性がある。実際に，マーシュ・ジャパン（2012）が行ったアン

ケート調査は，大企業が，様々な種類の保険を購入していることを明らかにしている。つまり，十分に株主が分散しているはずの大企業でも，現実には，保険を購入していることが確認できる。すなわち，多くの大企業において，保険購入は，企業価値を高めると考えられている様子が確認できるが，実証的な分析は長く行われてこなかった。

　詳しくは，第3章でも紹介しているが，Yamori（1999）は，理論的研究の展開を踏まえて，日本の上場企業のデータを用いて，世界で初めてとなる，損害保険需要の分析を行っている。続いて，Hoyt and Khang（2000），Zou and Adams（2006），Regan and Hur（2007）は，それぞれ，米国，中国，韓国の上場企業のデータを分析して，税制，所有構造，信用リスク，成長期待などが，企業の損害保険需要に影響を及ぼしている可能性を指摘している。つまり，本書に先行する研究は，上場企業の保険需要について分析を行い，多くのことを明らかにしている。他にも，Aunon-Nerin and Ehling（2008），Zou（2010），Adams, Lin and Zou（2011），Jia, Adams and Buckle（2011）など，免責，保険需要と企業価値，コーポレートガバナンスと保険需要，競争環境と保険需要などの研究も進められてきている。以上，上場企業の保険需要の研究を概観すると，多くの研究が行われてきていて，保険需要と関係する要因が徐々に明らかにされつつある。

　ところが，中小企業と保険需要の研究は，十分に進んでいるとは言い難い。中小企業庁『中小企業白書2020年版』によれば，中小企業は，企業数では99.7％，従業員数は68.8％，付加価値額の52.9％を占めている。つまり，中小企業は，日本経済において，極めて重要な役割を担っているにもかかわらず，データを得にくいなどの事情から，保険需要，リスク管理の実態が明らかになっていない。

　中小企業は，「資金調達の選択肢」，「所有構造」，「財務戦略の柔軟性」，「立地の分散」といった点で上場企業と異なっているが，中小企業の保険需要も，上場企業のそれとは異なっている可能性があるだろう。本章では，中小企業の資金制約を緩和するためのリレーションシップバンキングについて，第2節，

　第3節で，先行する理論的研究，実証的研究を概観してきたが，中小企業が直面する資金制約の程度と，保険需要が関係している可能性がある。たとえば，将来，事故や災害が発生した場合，必要となる資金を金融機関から借り入れることができないかもしれないと考える中小企業は，損害保険を準備しておく必要があると考えて，保険需要を増やすかもしれない。

　本書第3章以降では，中小企業の多くが資金制約に直面していて，この資金制約の問題を緩和するために，保険・リスクマネジメントを利用しているという観点から，実証分析を行っていく。資本市場にアクセスすることが難しい中小企業の資金調達を考える上では，企業にとって銀行は最も重要な存在である。その最も重要な銀行から資金を調達できなかった場合であっても，保険を購入してあれば，保険事故があった場合については，保険金が支払われるという形で，中小企業は，資金を調達することができる。つまり，保険は，中小企業にとって，将来における，資金の制約を緩和する資金調達の手段であると解釈できる。

　他にも，所有構造という観点から，中小企業の保険需要を見ていくことも可能であろう。大企業に比べて，中小企業では社長や会長が筆頭株主であるなど，所有が経営者に集中しているため，耐震補強などのリスク（ロス）コントロール，保険を購入するリスク（ロス）ファイナンスを実施する動機が強いと予想できる[13]。さらに，中小企業には，上場企業・大企業の子会社，関連会社という企業もあり，こうした「グループ企業」と，独立色の強い「オーナー企業」では，資金調達の方法や動機などが異なり，結果として，保険需要など，リスクマネジメントのあり方が異なっている可能性もある。

　また，上場企業・大企業は，ある程度，資本構成を選択することができるものと考えられる。たとえば，ある上場企業が，ROE（Return on Equity）を高めるために，負債での資金調達を増やすことになったとしよう。負債での資金調達の割合が多くなると，信用リスクが高くなる。そこで，その企業は，信用リスクが高くなりすぎないように，より多くの損害保険を購入するかもしれない。つまり，その企業は，財務上の戦略として，より多くの保険を利用する

ことになる。一方で，中小企業は，上場していないため，株式を発行すること
に制約があり，結果として，上場企業のように，資本・負債の資本構成を自由
に選択できない。そこで，財務戦略の一環としてではない理由で，保険が購入
されている可能性がある。つまり，経営上の余裕がある中小企業が，保険を購
入している可能性がある。

　Harrington and Niehaus（2003）は，リスクマネジメントを「リスク（ロス）
コントロール」，「リスク（ロス）ファイナンス」，「分散」の3つに分類してい
る[14]。本書の中では，十分に分析を進めることはできていないが，「分散」の
点でも，上場企業・大企業は，中小企業と異なる可能性が高い。大企業は，立
地の分散でも，リスクマネジメントを行うことができるが，中小企業は立地の
分散が進められないため，大企業とは異なった状況に置かれているはずである。

　つまり，中小企業は，先進各国の経済活動において，重要な役割を担ってい
るが，データの利用可能性の問題などから，先行する研究は，上場企業の保
険・リスクマネジメントの分析が中心となっていて，中小企業の保険・リスク
マネジメントの実態や特徴については，ほとんど明らかになっていない。本書
は，中小企業と銀行の研究分野で，多くの事実を明らかにすることに成功して
きた，「中小企業向けのアンケート調査」を採用することで，研究上の空白と
なっていた，中小企業と保険・リスクマネジメントについて分析を進めていく。

5.　むすび

　本書の狙いは，資金調達方法が限られていて，資金制約に直面することが多
い中小企業において，「保険」が，資金制約問題を緩和する可能性を指摘する
ことにある。実際に，日本の中小企業（製造業）のデータを用いて，保険がど
のように用いられているのかを明らかにしていく。

　そのため，本章では，中小企業金融におけるリレーションシップバンキング
の研究を概観してきた。第2章以降では，中小企業が直面する資金制約の実態

と，中小企業における保険の利用の実態や役割を明らかにしていく。

　本章の第2節では，中小企業金融におけるリレーションシップバンキングの理論的な研究は，「取引年数」，「取引行数」，「距離」などの観点から進められていることを確認してきた。「取引年数」については，金融機関と長い年月，取引を繰り返し行うことで，中小企業は，必要な金額を，適切な金利で借りることができるようになることが明らかになった。つまり，中小企業と金融機関の取引年数が長くなるほど，情報の非対称性が緩和される可能性が高い。

　また，中小企業金融の研究分野では，「取引行数」が多いということは，十分な資金を調達できていないため，多くの銀行や信用金庫と取引していると解釈されている。つまり，銀行と密接な関係を構築することができていない中小企業は，必要な資金を借りることができず，多くの銀行から資金を調達していることも明らかになった。

　さらに，融資を受けている銀行や信用金庫などの支店と，中小企業の「距離」が遠いと，訪問頻度やコミュニティから得られる情報が少なくなるため，ソフト情報の生産が少なくなると考えられていることも明らかになった。つまり，他の条件が一定であれば，支店と中小企業の本社の物理的な距離が遠いほど，情報の非対称性が大きいということになる。

　続いて，第3節では，中小企業金融におけるリレーションシップバンキングの実証的な研究を概観している。リレーションシップバンキングの理論的研究が示すように，「取引年数」が長いほど，借り入れることができる資金は多くなり，金利も低くなることを示す結果が多いことが明らかになった。同様にして，「取引行数」が少ないと，借り入れることができる資金は多くなり，金利も低くなることを示している研究が多いことを確認した。また，「距離」が近いほど，借り入れることができる資金は多くなり，金利も低くなる可能性があることを示す，実証的な研究結果を確認した。つまり，上述の実証的な研究結果は，「取引年数」，「取引行数」，「距離」といった指標が，中小企業の資金制約の程度を表す指標として，ある程度，有効である可能性を示している。しかしながら，上記のいずれの指標が，企業と金融機関のリレーションシップバン

キングを計測するのに優れた指標なのかは定まっているとは判断しがたく，中小企業と金融機関とのリレーションを表す指標として用いる際には，上述の変数を組み合わせて計測していくことが望ましいであろう。

　第 4 節では，企業の保険需要に関する先行研究をサーベイしていて，上場企業についての理論的研究，実証分析は蓄積が進んでいる一方で，中小企業の保険需要に関する分析は進んでいないことを確認した。第 3 節まででは，中小企業が，資金制約に直面していることを確認してきたが，第 4 節では，資金制約に直面する中小企業が，保険を利用することで，資金制約問題を緩和できないかと提案している。本書の以下の章では，本章で行った，「中小企業とリレーションシップバンキング」，「企業の保険需要」に関する研究のサーベイの結果に基づいて，中小企業の保険需要・リスクマネジメントに関する，実証的な検証を進めていく。

■注

1　わが国の金融システムについては，Hoshi and Kashyap（2001）を参照されたい。

2　OECD（2016）は，OECD 諸国では，企業数だと99％，雇用数で70％，そして，付加価値で50％から60％を中小企業が占めるなど，日本と似た状況であることを紹介している。また，IFC（2010）は，発展途上国では，雇用では45％，GDP の33％が中小企業であることを紹介している。

3　金融庁「金融改革プログラム」（平成16年12月）では，「リレーションシップバンキング（Relationship Banking）」は，「地域密着型金融」と表現されている。地域企業の多くは，中小企業であるため，地域金融を考察する際にも，リレーションシップバンキングを概観することが有用であろう。

4　Uchida, Udell and Yamori（2012）は，特に，中小金融機関の銀行員が，ソフト情報を有していることを発見している。

5　複数の金融機関のモニタリングが重複するのを防ぐために，メインバンクなどが代表してモニタリングを行うことが多いと指摘されている（Diamond（1984））。

6　小野（2007）は，わが国は，欧米に比べて，規模の小さい企業でも複数の銀行と取引していることが多いことを指摘している。

7　Jiménez and Saurina（2009）は，距離の近い融資は，担保を利用する傾向があ

26

ることを明らかにしている。つまり，地域金融機関は，リレーションシップバンキングを利用して，大手銀行は，トランザクション融資に向かう傾向があると解釈している。

8　Lehmann and Neuberger（2001）は，他にも「企業は問題について知らせてくる」という主観的な判断が，金利・利用できる資金や担保の要求に影響をもたらしていることを発見している。

9　他にも Harhoff and Körting（1998）は，他の要因を考慮しても，西ドイツ圏に比べて，東ドイツ圏に存在する企業の金利（クレジットラインの金利を基準に）が，有意に高いことを発見している。また，Petersen and Rajan（1995）同様に，都市部にある企業の金利は，農村部にある企業に比べて，金利が高いことを発見している。

10　Degryse and Ongena（2005）は，距離が遠いほど金利が減少する傾向があるのは，融資が短期の場合，担保のない場合であることを発見している。

11　Petersen and Rajan（1994），Berger and Udell（1995）は，1987年の NSSBF（National Survey of Small Business Finances）を用いているが，Cole（1998）は1993年の NSSBF を用いている点で，データが新しくなっている点でも先行する2つの研究と異なっている。

12　距離と中小企業向け貸出に関する研究のサーベイとしては，Degryse and Ongena（2008）がある。

13　家森・浅井・高久（2012）は，保険業にとって，海外市場だけではなく，国内の中小企業は有望な市場であることを指摘している。

14　Harrington and Niehaus（2003）は loss control と loss finance と表現している。

第2章　アンケート調査の集計結果

1. はじめに

　本書では，日本の中小企業について，保険需要の分析を進めていく。その中で，本章の目的は，2014年1月から2月にかけて実施した，企業向けアンケート「企業の保険リスクマネジメントに関する実態調査」（以下「本調査」）の結果を報告することである。本章では，本調査で得られたデータをまとめて，日本の中小企業のファイナンス，特に保険リスクマネジメントの実態を明らかにしようと試みている。また，本調査のデータを用いて，第3章以降で，分析を行っていくための基本的な情報を提供するという目的もある。

　本章の構成は以下の通りである。次節では，「アンケートの概要」と業種などの「企業の基本的属性」を紹介する。第3節では，「回答企業の属性」や「回答者の職階」などを紹介している。第4節では，「損害保険の購入」，「主な生産設備のリスクマネジメント」，「生命保険の購入」と「耐震補強の実施」に関するアンケート結果を紹介している。第5節では，銀行などの「金融機関との取引」に関するアンケート結果を紹介している。第6節では，本章のまとめを示している。実際に，企業に郵送した質問票は，本章の最後に掲載している。

2. アンケートの概要と企業の基本的属性

　次節以降で，本調査の結果を紹介していくが，はじめに，本調査の概要を説明しておこう。本調査は，筆者が代表者を務めた，平成23年度－平成25年度科学研究費補助金　若手研究（B）「保険需要構造の分析―ファイナンス理論の実証的検証―」プロジェクトの一環として実施されたものである。筆者がアンケートの設計を行い，調査は株式会社帝国データバンクに委託され，郵送で実施された。

　対象企業は次のように選定した。まず，特定の産業，具体的には，製造業（TDB業種コード：19〜39）の中小企業を対象とした。製造業のみを対象としたのは，非製造業について関心がないといったためではなく，分析において企業規模を従業員数等でコントロールする際に，業種による歪みを避けるためである。また，製造業は，損害保険の対象になる生産設備などがイメージしやすいということもある。さらに，中小企業のみを対象にしたのは，証券市場へのアクセスの可能性を持ち，株主が分散している大企業に比べて，中小企業は資金調達の制約が大きく，また，工場の分散，キャプティブの利用なども制限され，保険の役割が大きいと考えたためである。

　ただ，これだけの絞り込みでは予算超過となったために，対象規模を従業員数21人以上300人以下の「中規模の製造業」に絞った。さらに，帝国データバンクに「前期業績決算書」，「最新期業績決算書」を提出している企業に対象を絞った。以上のように絞り込みを行った結果，帝国データバンクのデータベースで該当する企業数は6,308社であった。これでも，予算超過になるため，帝国データバンクが無作為に抽出した3,500社に対して，2014年1月27日に，郵送によってアンケート回答への依頼状を送付した。その後，回答があり，さらに電話による督促を行った結果，2月21日までに回答のあった企業は909社（回答率26.0%）であった（このうち，企業名まで特定できるのは907社であった）。以下では，この909社を母サンプルとして結果を説明していく。なお，一

部の質問に無回答，企業名が無記名である場合，複数回答が可能な場合，該当しない場合などがあるので，総回答数は変動する。

　質問は，本章の最後に「質問票」として掲載しているが，全部で41問から成り立っている。大きく分けると，「回答企業および回答者の状況」，「損害保険の購入，生命保険の購入，耐震補強の状況」，「東日本大震災と保険の状況」，「金融機関と企業の関係」の４つの観点からの質問を行っている。本節の残りでは，アンケートで尋ねてはいないが，帝国データバンクのデータベースから得られた情報（業種分類，規模や企業の立地）についての状況を確認した後，次節からアンケートの結果を紹介していく。

　はじめに，業種分類は，図表２−１の通りであった。調査の対象となるのは907社であるが，最も多いのが，一般機械器具製造業の148社（16.3％）である。

図表２−１　調査対象の企業の業種（製造業）

食品・飼料・飲料製造業	繊維工業（衣服，その他繊維製品を除く）	衣服・その他の繊維製品製造業	木材・木製品製造業	家具・装備品製造業
102社 11.2%	16社 1.8%	19社 2.1%	25社 2.8%	19社 2.1%
パルプ・紙・紙加工品製造業	出版・印刷・同関連産業	化学工業	石油製品・石炭製品製造業	ゴム製品製造業
28社 3.1%	39社 4.3%	37社 4.1%	6社 0.7%	8社 0.9%
皮革・銅製品・毛皮製造業	窯業・土石製品製造業	鉄鋼業，非鉄金属製造業	金属製品製造業	一般機械器具製造業
2社 0.2%	63社 6.9%	54社 5.9%	116社 12.8%	148社 16.3%
電気機械器具製造業	輸送用機械器具製造業	精密機械・医療機械器具製造業	その他の製造業	
89社 9.8%	28社 3.1%	13社 1.4%	95社 10.5%	

次に，金属製品製造業の116社（12.8％），食品・飼料・飲料製造業の102社
（11.2％），その他の製造業95社（10.5％），電気機械器具製造業89社（9.8％）
と続いている。回答した企業は，機械，金属に関する製造業が中心で，食品関
係の製造業も多いことがわかる。なお，以下の表では，回答件数の上段は企業
数，下段は％を表している。

　また，従業員規模別・業種別の回答状況を示したのが，図表2－2である。
表の区分でいえば，従業員21人以上～49人以下の規模の企業が最も多く回答し
ている。ちなみに，『中小企業白書（2014年版）』によれば，中小の製造業は，
4～9人が112,463社と最も多く，10～19人が51,608社，20～99人が56,361社，
100～299人が9,631社と，従業員数が100人以下の企業が多い点など，人数の区
分は異なるが，本調査の結果は，中小企業白書の調査と大きく異ならない分布

図表2－2 回答企業の従業員規模

	回答件数	21人以上 49人以下	50人以上 99人以下	100人以上 199人以下	200人以上 300人以下
全体	907 100	413社 45.5%	299社 33.0%	160社 17.6%	35社 3.9%

図表2－3 回答企業の企業所在地

1. 北海道	35社	2. 青森	2社	3. 岩手	8社	4. 宮城	13社	5. 秋田	4社
6. 山形	17社	7. 福島	14社	8. 茨城	11社	9. 栃木	6社	10. 群馬	13社
11. 埼玉	36社	12. 千葉	20社	13. 東京	118社	14. 神奈川	39社	15. 新潟	31社
16. 富山	11社	17. 石川	15社	18. 福井	9社	19. 山梨	5社	20. 長野	21社
21. 岐阜	22社	22. 静岡	23社	23. 愛知	68社	24. 三重	11社	25. 滋賀	8社
26. 京都	25社	27. 大阪	95社	28. 兵庫	43社	29. 奈良	12社	30. 和歌山	5社
31. 鳥取	5社	32. 島根	10社	33. 岡山	16社	34. 広島	26社	35. 山口	11社
36. 徳島	7社	37. 香川	9社	38. 愛媛	10社	39. 高知	4社	40. 福岡	24社
41. 佐賀	11社	42. 長崎	8社	43. 熊本	6社	44. 大分	9社	45. 宮崎	5社
46. 鹿児島	5社	47. 沖縄	1社	全体	907社				

であると考えられる。

　図表2－3は，回答企業の企業所在地を都道府県別に示したものである。さらに，地域ごとにまとめると，北海道地方35社，東北地方58社，関東地方243社，甲信越地方57社，北陸地方35社，東海地方124社，近畿地方188社，中国地方68社，四国地方30社，九州・沖縄地方69社と，人口や経済規模と同じように回答企業も分布していることが確認できる。

3.　回答企業および回答者の概要について

　以下では，「企業の保険リスクマネジメントに関する実態調査」の結果を紹介していく。問1では，回答者の属性について尋ねている。アンケートでは，冒頭で「できる限り，保険購入の意思決定に関わっていらっしゃる方（社長など）にご回答頂きますよう，お願い申し上げます」と記述した。その結果を示したのが，図表2－4である。「社長」（29.1％），「財務部門の責任者」（27.2％），「総務部門の責任者」（34.8％）と，9割以上を社長，財務・総務部門の責任者に回答をしてもらうことができた。「その他」の中でも，「保険担当部門の責任者」という回答が多数あり，社長，もしくはその他の経営者からの回答が得られている。

図表2－4　アンケート回答者の属性

	回答件数	社長	財務部門の責任者	総務部門の責任者	その他
全体	870 100	253社 29.1％	237社 27.2％	303社 34.8％	77社 8.9％

　図表2－5は，回答企業の属性について尋ねた，問2に対する回答結果を示したものである。家森（2014）は，企業グループに属していると，企業財務に

ついて親会社の意向が強く反映されるため，各社の自由度が小さくなることを
指摘している。そこで，「企業グループに属している」，「親会社を持たない独
立系企業である」について尋ねた結果，それぞれ22.8%，58.3%と，半数以上
は親会社を持たない独立系企業となった。一方で，従業員数21人以上300人以
下の中小企業が対象であるにもかかわらず，「子会社を持っている」と回答し
た企業が18.9%もあることは興味深い。

図表2−5 回答企業の属性

	回答件数	企業グループに属している	親会社を持たない独立系企業である	子会社を持っている
全体	902 100	206社 22.8%	526社 58.3%	170社 18.9%

　図表2−6は，経営者や従業員の自宅を工場や事務所として利用しているか
について尋ねた，問3に対する回答を示したものである。地震保険は，政府に
よって補助されている家計向けの地震保険と，純粋に民間で運営されている企
業向け地震保険がある。特に，中小企業は，住居を工場や事務所として利用し
ていて，彼らの回答する地震保険とは，家計向けの地震保険を指している可能
性がある。そこで，自宅の利用状況について聞いたところ，「事務所として利
用している」(2.5%)，「店舗として利用している」(0.2%)，「工場として利用
している」(1.0%)，「その他施設として利用している」(0.8%)と，それほど

図表2−6 自宅の利用状況（複数回答可）

	回答件数	事務所として利用している	店舗として利用している	工場として利用している	その他施設として利用している	全く利用していない
全体	904	23社 2.5%	2社 0.2%	9社 1.0%	7社 0.8%	869社 96.1%

多くはないことが確認できる。

　Hoyt and Khang（2000）などの先行研究は，成長機会の多少が，保険需要と正の関係にあることを発見している。そこで，問4では，回答者の成長見込みについて尋ねている（図表2-7）。全体で見ると，「成長が期待できる」（14.3%），「成長がやや期待できる」（36.5%），「現状維持の見込みである」（36.6%），「縮小する見込みである」（4.3%），「わからない」（8.3%）と，5割強の企業が，成長が期待できると考えている。

図表2-7　回答企業の成長見込み

	回答件数	成長が期待できる	成長がやや期待できる	現状維持の見込みである	縮小する見込みである	わからない
全体	898 100	128社 14.3%	328社 36.5%	329社 36.6%	39社 4.3%	74社 8.3%

　問5では，回答企業の配当予定について尋ねている（図表2-8）。「今後増やす予定である」（7.7%），「現状維持の予定である」（64.6%），「今後減らす予定である」（1.7%），「わからない」（26.0%）と，多くの企業が，現状維持，もしくはわからないと考えている。上場企業と比べて，中小企業では配当へのプレッシャーは大きくないと想像できるが，増配・減配が，企業の保険手配に影響する可能性は少ないと考えられそうである。

図表2-8　回答企業の配当予定

	回答件数	今後増やす予定である	現状維持の予定である	今後減らす予定である	わからない
全体	900 100	69社 7.7%	582社 64.6%	15社 1.7%	234社 26.0%

　問6では，内部留保を持つ理由について尋ねていて，結果は，図表2-9の

通りである。「（短期の）運転資金のため」（42.1%），「（工場新設や機械の導入など）新規投資のため」（60.9%），「（工場や機械の）修理のため」（28.9%），「（事務所・工場の火災や地震などの）事故・災害」（25.5%），「配当するため」（7.3%），「わからない」（9.7%），「内部留保は存在しない」（4.4%），「その他」（5.6%）となっていて，内部留保を持つ最大の要因は，新規投資のため（60.9%）であることが確認できる。

　中小企業は，株式の発行や社債の発行など，資本市場へのアクセスが限られているため，内部留保を持つ目的が「新規投資のため」という割合が高くなっているものと考えられる。また，本書の主たる関心である「事故・災害などに備えて」（25.5%）という回答は，「運転資金」（42.1%），「修理のため」（28.9%）に続いて4番目に多い内部留保を持つ理由となっている。

図表 2 − 9　内部留保を持つ理由（複数回答可）

	回答件数	（短期の）運転資金のため	（工場新設や機械の導入など）新規投資のため	（工場や機械の）修理のため	（事務所・工場の火災や地震などの）事故・災害	配当するため	わからない	内部留保は存在しない	その他
全体	895	377社 42.1%	545社 60.9%	259社 28.9%	228社 25.5%	65社 7.3%	87社 9.7%	39社 4.4%	50社 5.6%

　図表 2 −10は，回答企業の海外進出の状況について尋ねた，問7の結果を示している。全体で見ると，「事務所を海外に所有している」（6.2%），「店舗，工場を海外に所有している」（10.8%），「事務所，店舗，工場などを海外に所有していないが，製品などを輸出・輸入している」（33.4%），「海外への進出，海外の企業との取引はない」（46.6%），「わからない」（1.4%），「その他」（4.6%）と回答していて，中・小規模の製造業の企業の2割弱が海外に店舗や工場を所有

していることが確認できる。また，本書の主たる関心である，保険やリスクマネジメントの観点からは，多くの中小企業が海外進出や貿易に携わるなど，中小企業が直面するリスクがより複雑になってきていることが確認できる。

図表2－10 回答企業の海外進出状況（複数回答可）

	回答件数	事務所を海外に所有している	店舗、工場を海外に所有している	事務所、店舗、工場などを海外に所有していないが、製品などを輸出・輸入している	海外への進出、海外の企業との取引はない	わからない	その他
全体	900	56社 6.2%	97社 10.8%	301社 33.4%	419社 46.6%	13社 1.4%	41社 4.6%

4. 保険リスクマネジメントについて

4.1. 損害保険の購入

　第4節では，「保険リスクマネジメント」のうち，「損害保険の購入」，「主な生産設備のリスクマネジメント」，「生命保険の購入」と「耐震補強の実施」について，アンケート結果を紹介していく。

　問8は，回答者のリスク回避度を明らかにしようとする質問（1年以内に，50％の確率で1,000万円の損失が発生するリスクがあるとします。ただし，保険料を支払っておけば，損失が発生した場合もその損失額を回収することができるものとします）である。問8の想定するリスクに対して，いくらなら支払ってもよいと考えているかを示しているのが図表2－11である。本書で特に関心があったのは，社長など保険購入に影響力がある人のリスク回避度が中小企業のリスクマネジメントと関係しているのかである。なお，質問のリスクに

図表2－11 回答者のリスク回避度

保険料（円）		保険料を払って保険を購入する	保険料を払っても保険を購入しない
1	1万円	A 731社	B 94社
2	10万円	A 735社	B 96社
3	50万円	A 645社	B 185社
4	100万円	A 457社	B 366社
5	200万円	A 248社	B 569社
6	300万円	A 139社	B 678社
7	400万円	A 81社	B 736社
8	450万円	A 83社	B 739社
9	500万円	A 74社	B 729社

対しては保険料を100万円までなら支払ってもよいと考えている経営者が多いことがわかる。

　図表2－12は，回答企業における損害保険の購入について最も影響力がある人物について尋ねた，問9－1の結果である。図表2－12からは，「社長」(66.6%)，「財務部門の責任者」(13.4%)，「総務部門の責任者」(14.0%)，「その他の取締役」(3.5%)，「わからない」(0.4%)，「その他」(2.1%) と，3分の2の企業において，社長が損害保険の購入について実質的決定者であることが確認できる。

図表2－12 保険購入の実質的決定者（損害保険）

	回答件数	社長	財務部門の責任者	総務部門の責任者	その他の取締役	わからない	その他
全体	891 100	593社 66.6%	119社 13.4%	125社 14.0%	31社 3.5%	4社 0.4%	19社 2.1%

　図表2−13は，回答企業における生命保険の購入について最も影響力がある人物について尋ねた，問9−2の結果である。図表2−13からは，「社長」（72.1%），「財務部門の責任者」（10.2%），「総務部門の責任者」（10.7%），「その他の取締役」（3.2%），「わからない」（0.9%），「その他」（2.9%）と，損害保険の場合と似たような結果だが，社長が実質的決定者であるケースが生命保険でより多いことは，後述する生命保険の購入理由（節税効果，経営者の退職金など資産形成，事業承継）などと関係しているものと考えられる。

図表2−13 保険購入の実質的決定者（生命保険）

	回答件数	社長	財務部門の責任者	総務部門の責任者	その他の取締役	わからない	その他
全体	889 100	641社 72.1%	91社 10.2%	95社 10.7%	28社 3.2%	8社 0.9%	26社 2.9%

　図表2−14は，保険購入をどの部署が担当しているのかについて尋ねた，問10の結果をまとめたものである。「部署ごとに保険を手配している」（3.0%），「総務部署のみで保険を手配している」（48.6%），「財務・経理部署のみで保険を手配している」（40.7%），「法務部署のみで保険を手配している」（0.1%），「その他」（7.6%）という結果から確認できることは，以下の2つである。まず，第1に，ほとんどの企業で，総務部署，もしくは財務・経理部署で保険を担当していることがわかる。第2に，部門ごとに保険を手配しているのではなく，

図表2−14 保険購入を担当する部署

	回答件数	部署ごとに保険を手配している	総務部署のみで保険を手配している	財務・経理部署のみで保険を手配している	法務部署のみで保険を手配している	その他
全体	885 100	27社 3.0%	430社 48.6%	360社 40.7%	1社 0.1%	67社 7.6%

展望を持ちながら全社的にリスクを検討し，1つの部署で保険を購入していることが確認できる。

　図表2−15は，企業の中に存在しているリスクについて，どの程度保険でカバーしているのかを回答者に尋ねた，問11の結果である。つまり，「主観的な保険需要」の程度と言い換えることもできるかもしれない。図表2−15からは，「（火事による）企業財産の毀損や消失に関するリスク」，「社用車による交通事故に関するリスク」については，多くの企業が「ほぼリスクをカバーしている」と考えている。

　また，「（風水害による）企業財産の毀損や消失に関するリスク」，「事業活動から生じる外部への賠償責任に関するリスク」，「社長・役員への不測の事態の発生に関するリスク」については，ほとんどの企業で，「ほぼリスクをカバーしている」，もしくは「ある程度カバーしている」と考えられている。

　一方で，「（地震による）企業財産の毀損や消失に関するリスク」，「役員賠償責任に関するリスク」は，3社に1社以上が「ほとんどカバーしていない」と考えている。また，半数近い企業が（該当するリスクが存在していないものを除いて），「売掛金の貸し倒れに関するリスク」，「（自然災害などによる）事業中断リスク」，「海外進出に伴うリスク」，「事業承継などのリスク」について，「ほとんどカバーしていない」と考えている。

　上記の結果から，多くの中小企業で財物に関するリスクは保険によってカバーされていると考えられている一方で，賠償責任や貸し倒れ，事業承継など，財物ではないリスクについては保険でカバーできているとは考えられていないことが確認できる。

　図表2−16は，保険をどのようなルートで購入したのかを，保険の種類ごとに回答者に尋ねた，問12をまとめた結果である。全体として，以下の2つの傾向が確認できる。まず第1に，「自社・取引先系の代理店から購入した」，「知り合いの代理店から購入した」という回答が，どの保険の種類でも多数を占めている。たとえば，「（火事による）企業財産の毀損や消失に関する保険」では，「自社・取引先系の代理店から購入した」（299社），「知り合いの代理店から購

図表 2 −15 保険購入によるリスクへの対応状況

保険の種類	保険購入によるリスクへの対応状況				
	ほぼカバーしている	ある程度カバーしている	あまりカバーしていない	ほとんどカバーしていない	該当するリスクが存在していない
1．（火事による）企業財産の毀損や消失に関する保険	566社	299社	16社	10社	3社
2．（風水害による）企業財産の毀損や消失に関する保険	390社	346社	86社	58社	8社
3．（地震による）企業財産の毀損や消失に関する保険	148社	236社	151社	323社	18社
4．社用車による交通事故に関する保険	760社	121社	3社	3社	10社
5．事業活動から生じる外部への賠償責任に関する保険	321社	290社	107社	144社	23社
6．役員賠償責任に関する保険	162社	144社	159社	331社	76社
7．従業員の労災事故（政府労災への上乗せ給付部分）に関する保険	399社	276社	79社	130社	8社
8．製品・商品の物流過程での事故に関する保険	276社	252社	109社	205社	42社
9．工事における事故に関する保険	204社	157社	109社	165社	232社
10．売掛金の貸し倒れに関する保険	75社	200社	154社	408社	44社
11．（自然災害などによる）事業中断リスクに関する保険	78社	131社	193社	437社	36社
12．海外進出に伴うリスクに関する保険	24社	56社	85社	223社	475社
13．社長・役員への不測の事態の発生に関する保険	319社	317社	91社	131社	29社
14．事業承継などのリスクに関する保険	67社	128社	176社	379社	128社

40

図表2－16 保険購入（加入）のルート

保険の種類	保険購入（加入）のルート					
	銀行系の代理店から購入した	自社・取引先系の代理店から購入した	知り合いの代理店から購入した	親会社からの紹介で購入した	その他から購入した	購入していない
1．（火事による）企業財産の毀損や消失に関する保険	156社	299社	276社	64社	74社	79社
2．（風水害による）企業財産の毀損や消失に関する保険	131社	269社	264社	59社	70社	79社
3．（地震による）企業財産の毀損や消失に関する保険	72社	178社	186社	37社	49社	326社
4．社用車による交通事故に関する保険	60社	340社	345社	49社	84社	13社
5．事業活動から生じる外部への賠償責任に関する保険	61社	259社	214社	51社	91社	189社
6．役員賠償責任に関する保険	24社	156社	140社	42社	52社	421社
7．従業員の労災事故（政府労災への上乗せ給付部分）に関する保険	46社	277社	229社	49社	119社	154社
8．製品・商品の物流過程での事故に関する保険	42社	229社	181社	43社	87社	271社
9．工事における事故に関する保険	25社	159社	137社	31社	57社	423社
10．売掛金の貸し倒れに関する保険	126社	82社	72社	19社	85社	460社
11．（自然災害などによる）事業中断リスクに関する保険	31社	123社	115社	27社	40社	501社
12．海外進出に伴うリスクに関する保険	15社	59社	45社	8社	18社	674社
13．社長・役員への不測の事態の発生に関する保険	70社	224社	255社	42社	111社	160社
14．事業承継などのリスクに関する保険	24社	99社	124社	15社	39社	529社

入した」（276社）が多い。その他の保険についても，「自社・取引先の代理店」もしくは「知り合いの代理店」から購入するケースが多い。

　第 2 に，保険の種類によって企業は購入先を変えていると考えられる。興味深いのは，「売掛金の貸し倒れに関する保険」についてのみ，銀行系の代理店から購入した企業が126社で最も多い点である。銀行は信用リスクを扱う業種であり，銀行からの要請に応じて保険を銀行系の代理店から購入している可能性が考えられる。

　問13では，回答企業が 1 年間に支払った損害保険料の金額について尋ねていて，それをまとめたのが図表 2 − 17である。回答企業の保険料支払いの平均値は約490万円，中央値は約255万円である。第 3 章で確認するように，先行する実証的な研究の多くは，支払った損害保険料を資産で除したものを保険需要とし，それを様々な要因で説明しようと試みている。つまり，企業の財務的な要因が，保険需要に影響していると考えている。

　中小企業の保険需要に関する理論的研究の蓄積は十分ではないが，現時点で，以下の可能性が考えられる。まず，中小企業は所有構造が集中しており，さらにキャプティブなどのリスクマネジメントの手段が限られているため，中小企業では大企業に比べて保険需要が大きくなる可能性がある。また，小規模の企業は，行っている事業の数が少なくリスクの分散化ができないため，保険購入によってリスクを減らそうとする可能性もある。一方で，中小企業は内部留保をはじめとして，資金的な余裕がなく保険を購入する余裕がないという事態も想像できるため，実証的な検証が必要であろう。

　中岡・内田・家森（2011a,b）など多くの先行研究は，日本の中小企業が複

図表 2 −17　回答企業の損害保険料（平均値と中央値）

	回答件数	損害保険料（平均値）	損害保険料（中央値）
全体	769	4,898,842円	2,550,860円

42

図表２－18 回答企業の取引損害保険会社数

	回答件数	1社	2社	3社	4社	5社以上	取引なし
全体	883 100	174社 19.7%	287社 32.5%	239社 27.1%	94社 10.6%	79社 9.0%	10社 1.1%

数の金融機関（銀行や信用金庫など）と取引をしていることを指摘している。同様に，日本の中小企業は複数の保険会社と取引をしている可能性がある。そこで，問14では，取引している保険会社の数を尋ねていて，その結果をまとめているのが，図表２－18である。その結果，1社（19.7%），2社（32.5%），3社（27.1%），4社（10.6%），5社以上（9.0%），取引なし（1.1%）と，2社もしくは3社から保険を購入している企業が多いことが確認できる。

　問15では，回答企業が損害保険を購入した理由について尋ねていて，その結果をまとめたのが図表２－19である。「損益に与える影響を少なくする」(75.9%)，「資産の復旧資金の確保」(56.4%)，「災害事故時の運転資金の確保」(47.6%)，「事故対応のノウハウ・サポート」(20.2%)，「金融機関，取引先からの要請」(11.8%)，「株主に対する説明責任」(2.0%)，「社内他部門に対する説明責任」

図表２－19 損害保険を購入した理由（複数回答可）

	回答件数	損益に与える影響を少なくする	資産の復旧資金の確保	災害事故時の運転資金の確保	事故対応のノウハウ・サポート	金融機関, 取引先からの要請	株主に対する説明責任
全体	901	684 75.9%	508 56.4%	429 47.6%	182 20.2%	106 11.8%	18 2.0%

	回答件数	社内他部門に対する説明責任	節税効果	社会的責任	過去の大事故の経験(反省)から	同業他社が購入しているので	その他
全体	901	16 1.8%	110 12.2%	429 47.6%	55 6.1%	1 0.1%	5 0.6%

(1.8%)，「節税効果」（12.2%），「社会的責任」（47.6%），「過去の大事故の経験
（反省）から」（6.1%），「同業他社が購入しているので」（0.1%），「その他」
（0.6%）と，「損益に与える影響を少なくする」ためと回答している企業は，全
体の4分の3以上と最も多い。

　Doherty（2000）など，保険や金融分野の教科書では，「保険の利用によっ
て企業は収益の変動を抑えることができる」と説明されていることがあるが，
図表2－19からは，実際に，多くの企業が損益に与える影響を少なくするため
に保険を購入していることが確認できる。一方で，節税効果は先行する研究
（Main（1983）など）が指摘しているほど，企業の中で強く意識されている訳
ではないことが確認できる。

　図表2－20は，保険をどのような経緯で購入したのかについて，回答企業に
尋ねた，問16の結果をまとめたものである。「銀行からの融資の必須条件で
あった」（9.8%），「親会社からの要請があった」（10.8%），「株主からの要請が
あった」（1.0%），「保険代理店から勧められた」（44.1%），「税理士・公認会計
士から勧められた」（9.7%），「同業他社など知り合いから勧められた」（4.4%），
「貴社の中（経営陣や従業員）から，必要だという意見があった」（61.6%），
「その他」（6.3%），「わからない」（3.4%）と，社内から「保険の購入が必要だ

図表2－20 損害保険を購入した経緯（複数回答可）

	回答件数	銀行からの融資の必須条件であった	親会社からの要請があった	株主からの要請があった	保険代理店から勧められた	税理士・公認会計士から勧められた
全体	901	88 9.8%	97 10.8%	9 1.0%	397 44.1%	87 9.7%

	回答件数	同業他社など知り合いから勧められた	貴社の中（経営陣や従業員）から，必要だという意見があったため	その他	わからない
全体	901	40 4.4%	555 61.6%	57 6.3%	31 3.4%

44

という意見があった」という回答が最も多く，次に保険代理店から勧められた
という回答が多い。

　保険や金融分野の先行研究では，銀行などの債権者は，資産代替問題を緩和
するために，融資の際に保険を購入することを求める可能性が高いことを指摘
しているが，図表2−20の結果（「銀行からの融資の必須条件であった」は
9.8％）は，研究の予測と一致していない。融資と保険に関する規制が影響し
ている可能性がある。

　また，家森（2014）は，親会社を持つ中小会社の金融活動は，親会社の意向
を反映し自由度が低いことを指摘しているが，図表2−5の結果から親会社を
持つのは206社であるので，そのうち，97社が親会社からの要請で損害保険を
購入していると推測できる。つまり，損害保険の手配について，残りの半数近
い子会社は，自社内で意思決定していると推測できる。

　図表2−21は，企業が資金調達をどのような順番で考えているかについて回
答企業に尋ねた，問17の結果をまとめたものである。金融分野の基本的な教科

図表2−21 資金調達を考える場合（通常の場合）

| | 回答件数 | 工場の新設，機械設備の導入などの新規投資の場合 | | | | |
		内部留保	経営者からの借り入れ	経営者の親族などからの借り入れ	グループ企業からの資金の借り入れ	銀行・信用金庫の金融機関からの借り入れ
1位	870 100	380 43.7%	3 0.4%	2 0.2%	34 3.9%	451 51.8%
2位	826 100	360 43.6%	54 6.5%	4 0.5%	91 11.0%	317 38.4%
3位	635 100	48 7.6%	319 50.2%	25 3.9%	174 27.4%	69 10.9%
4位	529 100	14 2.6%	210 39.7%	248 46.9%	53 10.0%	4 0.8%
5位	470 100	17 3.6%	11 2.3%	252 53.6%	184 39.1%	6 1.3%

書では，企業の資金調達は，情報の非対称性が低く，資金コストが低い順に行
われるなどと記述されている。そこで，アンケートの作成時には，「内部留保」，
「経営者からの借り入れ」，「経営者の親族などからの借り入れ」，「グループ企
業からの資金の借り入れ」の順で資金調達を検討し，最後に，銀行などの金融
機関からの資金調達を検討する企業が多いであろうと予測していた。

　しかしながら，実際は，「内部留保」を 1 番目に考える企業は43.7% だが，
「銀行・信用金庫の金融機関からの借り入れ」を 1 番目に考える企業が51.8%
であった。「経営者からの借り入れ」，「経営者の親族などからの借り入れ」，
「グループ企業からの資金の借り入れ」を 1 番目， 2 番目に考えている企業は
ごくわずかであった。アンケートの対象は，中規模の製造業であり，設備投資
の金額が大きく，経営者や親族，グループ会社からでは十分な金額の借り入れ
ができないなどの事情があり，資金調達の順序が理論に基づいた予想と異なっ
ているのかもしれず，より規模の小さい企業にアンケートで尋ねることも必要
であろう。

　問17の質問において，特に災害からの復旧時における資金調達の順番をどの
ように考えているのかについて尋ねた結果をまとめたものが図表 2 –22である。
災害に対して企業が最初に考える資金調達の手段は「事前の保険購入」（58.6%）
と，多くの企業が保険の購入を真っ先に考えていることがわかる。一方で，災
害などに対する資金調達方法として，「内部留保」（19.7％）や「銀行・信用金
庫の金融機関からの借り入れ」（18.7％）を 1 番目に想定している企業も少な
からずあることが確認できる。

　問18の質問は，企業のデリバティブ（金融派生商品；通貨や金利に関するオ
プション，スワップ，先物・先渡取引，CAT ボンドなど）の利用状況につい
て尋ねていて，その結果は，図表 2 –23に示されている通りである。最も多い
のは，「デリバティブを利用したことはなく，関心もない」（64.6%）と，約 3
分の 2 の企業は，デリバティブとは無縁の状況にある。

　一方で，「リスクマネジメントの手段として，デリバティブを利用したこと
がある」と回答した企業は12.8% であり， 1 割強の企業が保険のような役割を

期待して，デリバティブを利用している。また，「資金運用の手段として，デリバティブを利用したことがある」と回答した企業は10.4%であり，1割程度の企業が，資産運用の手段としてデリバティブを利用していることがわかる。どのような特徴を持つ企業がデリバティブを利用する傾向があるのかについては，本書第6章で分析を行っている。

図表2-22 資金調達を考える場合（火災，地震，水害など，復旧資金が必要な場合）

	回答件数	火災，地震，水害など，復旧資金が必要な場合					
		内部留保	経営者からの借り入れ	経営者の親族などからの借り入れ	グループ企業からの資金の借り入れ	銀行・信用金庫の金融機関からの借り入れ	事前の保険購入
1位	872 100	172 19.7%	3 0.3%	1 0.1%	22 2.5%	163 18.7%	511 58.6%
2位	850 100	346 40.7%	26 3.1%	3 0.3%	53 6.2%	332 39.1%	90 10.6%
3位	782 100	237 30.3%	96 12.3%	12 1.6%	76 9.7%	288 36.8%	73 9.3%
4位	618 100	37 6.0%	281 45.5%	60 9.7%	161 26.1%	52 8.4%	27 4.3%
5位	533 100	13 2.4%	191 35.8%	242 45.4%	68 12.8%	6 1.1%	13 2.5%
6位	448 100	15 3.3%	10 2.3%	221 49.3%	164 36.6%	5 1.1%	33 7.4%

図表2-23 デリバティブの利用状況

	回答件数	リスクマネジメントの手段として，デリバティブを利用したことがある	資金運用の手段として，デリバティブを利用したことがある	デリバティブを利用したことはないが，関心はある	デリバティブを利用したことはなく，関心もない	デリバティブとは何かわからない
全体	881 100	113社 12.8%	92社 10.4%	48社 5.5%	569社 64.6%	59社 6.7%

4.2.　主な生産設備のリスクマネジメント

　先行する研究の多くが，企業全体の保険需要を分析しているが，個別の工場の付保状況などは明らかになっていない。そこで，問19では，企業の生産設備（工場など）の中でも，最も重要な建物の保険・リスクマネジメントの状況について尋ねている。なお，1982年以降に建てられたものは，「ある程度の耐震性を有する（新耐震基準）」として尋ねている。回答の結果をまとめたのが図表2−24である。図表2−24の結果からわかることは，いずれの保険についても，免責，上限のいずれか，もしくは両方を設定している企業が多いことである。

　また，主な生産設備の耐震補強の実施状況については，「強度が十分なので，耐震補強は実施していない」（325社）と回答した企業が最も多い。次に多いのは，「強度は不十分だが，耐震補強を実施していない」（277社）である。つまり，製造業の企業における工場などの生産設備の耐震性は，基準に満たないものが多数存在していることが確認できる。

　図表2−25は，主な生産設備がどのような返済状況にあるのかについて，回答企業に尋ねた，問20の結果である。図表2−25からは，最も多いのが，「銀

図表2−24　主な工場のリスクマネジメント状況

	免責・上限の両方を設定して，購入している	免責だけを設定し，購入している	上限だけを設定し購入している	免責・上限を設定せず，購入している	購入していない
1．火災保険	460社	77社	219社	78社	25社
2．風水害保険	374社	77社	172社	61社	151社
3．地震保険	213社	49社	91社	44社	431社

	耐震補強を実施した	強度は不十分だが，耐震補強を実施していない	強度が十分なので，耐震補強は実施していない	わからない
耐震補強の実施	74社	277社	325社	178社

48

図表2-25 主な工場の資金返済状況

	回答件数	銀行からの融資を受け，現在返済している	銀行からの融資を受け，現在は完済した	経営者からの融資を受けて，現在返済している	経営者からの融資を受けて，現在は完済した	その他から融資を受けて，現在返済している	その他からの融資を受け，現在は完済した
全体	880 100	359社 40.8%	337社 38.3%	5社 0.6%	6社 0.7%	8社 0.9%	13社 1.5%

	回答件数	株主から出資してもらった	内部留保を利用した	その他の方法で調達した	その他	わからない
全体	880 100	16社 1.8%	59社 6.7%	18社 2.0%	39社 4.4%	20社 2.3%

行からの融資を受け，現在返済している」（40.8%）で，次に多いのが「銀行からの融資を受け，現在は完済した」（38.3%）であることがわかる。こうした返済状況が，保険やリスクマネジメントに与える可能性もあり，今後の実証的な検証が必要であろう。

　図表2-25と同様に，主な生産設備の担保・個人保証の状況について，回答企業に尋ねた，問21をまとめたのが図表2-26である。最も多いのが，「担保を設定している」（41.6%）であり，「担保・個人保証ともに設定している」（23.4%）と合わせると，3分の2程度の企業が，担保か個人保証を設定していることになる。一方で，個人保証だけ設定しているというのは4.4%であり，多くの場合，担保を設定し，さらに個人保証を設定していることが確認できる。

図表2-26 主な工場の担保・個人保証の状況

	回答件数	担保を設定している	個人保証を設定している	担保・個人保証ともに設定している	担保・個人保証ともに設定していない	わからない	その他
全体	870 100	362社 41.6%	38社 4.4%	204社 23.4%	211社 24.3%	33社 3.8%	22社 2.5%

本書の範囲は超えているが，担保や個人保証のあり方が，保険やリスクマネジメントに与える影響の分析は興味深いテーマである。

　災害時の主な工場の資金調達について尋ねた，問22の結果をまとめたのが，図表2－27である。最も多いのが，「メインバンクから融資が得られそうである」（81.2%）であり，続いて，「メインバンク以外の銀行から融資が得られそうである」（37.5%），「日本政策金融公庫から融資が得られそうである」（32.9%）となっている。また，「親会社から融資が得られそうである」と回答している企業もある（12.0%）ことが確認できる。特に，「日本政策金融公庫から融資が得られそうである」と回答している企業が3社に1社程度あることは，わが国において公的金融のあり方を考える上で重要だろう。

図表2－27　災害時の主な工場の資金調達（複数回答可）

	回答件数	メインバンクから融資が得られそうである	メインバンク以外の銀行から融資が得られそうである	日本政策金融公庫から融資が得られそうである	地方自治体から融資が得られそうである	親会社から融資が得られそうである	取引先から融資が得られそうである
全体	893	725社 81.2%	335社 37.5%	294社 32.9%	23社 2.6%	107社 12.0%	11社 1.2%

	回答件数	その他から融資が得られそうである	どこからも融資が得られそうにない	外部から出資して貰えそうである	融資や出資の必要はない	わからない	その他
全体	893	6社 0.7%	20社 2.2%	2社 0.2%	36社 4.0%	50社 5.6%	16社 1.8%

4.3.　中小企業と生命保険

　問23では，社長，経営者の方々が被保険者の，特定の生命保険（長期平準定期保険，逓増定期保険，役員退職金）について，直近の会計年度に支払った生命保険料について尋ねている。それらの結果をまとめたのが図表2－28である。

中小企業（製造業）における生命保険料の支払額の平均値は約881万円，中央
値は300万円であることが確認できる。筆者の知る限りでは，中小企業の生命
保険購入の状況についての調査や分析は，ほとんど研究の蓄積がない。経営者
の生命保険に限られてはいるものの，生命保険と企業の関係について知ること
ができる，有用な資料であると考えられる。

図表 2 −28 回答企業の支払う生命保険料
（経営者の長期平準定期保険，逓増定期保険，役員退職金）

	回答件数	生命保険料（平均値）	生命保険料（中央値）
全体	740	8,813,970円	3,000,000円

　次に，問24では，企業が生命保険を購入する理由について尋ねている。それ
らの結果をまとめたのが図表 2 −29である。理由として最も多いのが，「（経営
者の死亡時に）経営への影響を小さくする」（68.3％）であり，続いて「経営者
の退職金など資産形成」（62.7％）である。最も興味深いのは，損害保険を購入
する理由として「節税効果」を挙げている企業は12.2％（図表 2 −19）に過ぎ
なかったのが，生命保険では35.6％と 3 倍近くにも上る点である。つまり，
Main（1983）などが指摘する保険購入の節税効果は，中小企業においては，

図表 2 −29 生命保険を購入する理由（複数回答可）

	回答件数	（経営者の死亡時に）経営への影響を小さくする	節税効果	経営者の退職金など資産形成	従業員の福利厚生
全体	880	601社 68.3%	313社 35.6%	552社 62.7%	102社 11.6%

	回答件数	金融機関からの要請	取引先からの要請	株主に対する説明責任	その他
全体	880	5社 0.6%	4社 0.5%	6社 0.7%	36社 4.1%

特に生命保険において当てはまるようである。

　図表 2 - 30 は，回答企業が生命保険を購入した経緯について尋ねた，問25の結果をまとめたものである。最も多いのが，「貴社の中から，必要だという意見があったため」（51.4%）であり，続いて「保険代理店から勧められた」（36.0%），「保険営業職員から勧められた」（24.0%），「税理士・公認会計士から勧められた」（18.7%）という回答が多い。

　損害保険（図表 2 - 20）と比較すると，「貴社の中（経営陣や従業員）から，必要だという意見があった」（61.6%）が生命保険では10%程度低く，「保険代理店から勧められた」（44.1%）は 8 %程度低い。また，損害保険の場合は「税理士・公認会計士から勧められた」と回答する企業は9.7%であったのに対して，生命保険の場合は18.7%と 2 倍近くが，税理士や公認会計士から勧められて生命保険を購入していることが確認できる。

　図表 2 - 30　回答企業が生命保険を購入した経緯（複数回答可）

	回答件数	銀行からの融資条件であった	保険代理店から勧められた	保険営業職員から勧められた	税理士・公認会計士から勧められた
全体	811	22社 2.7%	292社 36.0%	195社 24.0%	152社 18.7%

	回答件数	ファイナンシャルプランナーから勧められた	同業他社など知り合いから勧められた	貴社の中から，必要だという意見があったため	わからない
全体	811	46社 5.7%	21社 2.6%	417社 51.4%	47社 5.8%

　問26では，回答企業が保険を解約した経験（過去 5 年間）について尋ねている。それらの結果をまとめたのが図表 2 - 31で，最も多い回答は「保険を解約したことはない」（51.3%）である。一方で，「赤字が原因で，生命保険を解約した」，「赤字が原因で，損害保険を解約した」はそれぞれ10.1%，1.5%である

と，10％程度であるが，中小企業金融において保険が利用されている可能性が確認できる。また，「その他の理由で，生命保険を解約した」企業は26.1％を占めている。その他の理由には，GTAC（2014）が指摘するように，役員の退職金のためなどの理由が含まれていると考えられる。

　本書の対象となる企業は，従業員数が21人以上300人以下の，「前期業績決算書」，「最新期業績決算書」を提出している企業であり，中規模の，優良企業であると考えられるが，そうした企業でも1割程度が，生命保険の解約が必要なほどの赤字を経験していると考えられる。また，2009年度以降ということで，リーマンショックの影響などがあった時期であることも影響しているかもしれない。生命保険の解約が，企業金融において，どのような位置づけにあるのかについては，本書第5章で分析を進めていく。

図表2−31 回答企業が保険を解約した経験（2009年度から2013年度）（複数回答可）

	回答件数	保険を解約したことはない	赤字が原因で，生命保険を解約した	赤字が原因で，損害保険を解約した	その他の理由で，生命保険を解約した
全体	873	448社 51.3％	88社 10.1％	13社 1.5％	228社 26.1％

	回答件数	その他の理由で，損害保険を解約した	その他	わからない
全体	873	84社 9.6％	20社 2.3％	41社 4.7％

　問27では，回答企業が保険金を受け取った経験（過去5年間）について尋ねている。それらの結果をまとめたのが図表2−32で，「損害保険で保険金を受け取った」（33.4％），「生命保険で保険金を受け取った」（16.4％），「損害・生命保険ともに保険金を受け取った」（13.6％）と，3分の2程度の企業が過去5年間に，損害保険もしくは生命保険で保険金を受け取っている。つまり，企業に

とっては保険料を支払うことと，保険金を受け取ることが身近な経済活動であることがわかる。

図表2-32 回答企業の保険金の受取経験（2009年度から2013年度）

	回答件数	損害保険で保険金を受け取った	生命保険で保険金を受け取った	損害・生命保険ともに保険金を受け取った	保険金を受け取ったことはない	わからない
全体	860 100	287社 33.4%	141社 16.4%	117社 13.6%	291社 33.8%	24社 2.8%

4.4. 東日本大震災と中小企業の保険リスクマネジメント

　次に，東日本大震災がもたらした被害，また，それ以前，以降に実施した保険購入や耐震補強などの状況について企業に聞いている。問28は，東日本大震災後に，回答企業が被った被害について尋ねていて，それらをまとめたのが図表2-33である。「損害はなかった」（53.2%）という回答が最も多い一方で，それ以外の半数弱の企業は直接損失，もしくは間接損失を被っていることがわかる。

　問29では，東日本大震災後が，回答企業の損益に与えた影響について尋ねていて，図表2-34にそれらの結果をまとめている。ほとんどの企業が「（赤字，

図表2-33 東日本大震災後に，回答企業が被った被害（複数回答可）

	回答件数	自社資産（事務所,店舗,工場）への直接的な損害	自社の罹災・休業による（間接的な）損害	外部サプライヤーの罹災・休業による損害	顧客の罹災・休業による損害	経済活動鈍化のための損害	損害はなかった
全体	895	117社 13.1%	70社 7.8%	120社 13.4%	150社 16.8%	218社 24.4%	476社 53.2%

54

黒字でも）ほとんど影響がなかった」（79.6%）と回答している。赤字が拡大したり，赤字になったりした企業は合わせて15.3%であることも確認できる。

図表2－34 東日本大震災の損益への影響

	回答件数	赤字が拡大した	黒字から赤字になった	（赤字，黒字でも）ほとんど影響がなかった	赤字から黒字になった	黒字が拡大した
全体	872 100	57社 6.5%	77社 8.8%	694社 79.6%	10社 1.2%	34社 3.9%

　問30では，東日本大震災以前に行っていた地震に対するリスクマネジメントについて尋ねている。問30の結果をまとめたのが，図表2－35であるが，「（事務所，店舗，工場などの）地震保険の購入」（15.3%），「（事務所，店舗，工場などの）耐震補強」（7.5%）である。また，「事業継続計画（BCP）の策定」，「サプライチェーンの確認」については，それぞれ9.3%，5.2%の企業が実施していたことが確認できる。

図表2－35 東日本大震災以前に行っていたリスクマネジメント（複数回答可）

	回答件数	（事務所，店舗，工場などの）耐震補強	（事務所，店舗，工場などの）地震保険の購入	事業継続計画（BCP）の策定	サプライチェーンの確認	その他	特になし
全体	884	66社 7.5%	135社 15.3%	82社 9.3%	46社 5.2%	8社 0.9%	608社 68.8%

　問31では，東日本大震災以降に行った地震に対するリスクマネジメントについて尋ねている。図表2－36は，「事業継続計画（BCP）の策定・強化」（18.5%），「サプライチェーンの強化」（9.6%）が，地震前に比べて2倍程度の企業で実施されていることを示している。また，図表2－36からは，「（事務所，

店舗，工場などの）耐震補強」（7.4%），「（事務所，店舗，工場などの）地震保険の購入」（8.9%）も，震災後の3年弱の短期間にもかかわらず多くの企業で実施されていることが確認できる。特に，耐震補強は，東日本大震災以前と同じくらいの数の企業で実施されている。一方で，東日本大震災後も，特にリスクマネジメントを実施していない企業（東日本大震災以前に実施済みも含めて）も3分の2弱（64.5%）存在していることが確認できる。

図表2−36 東日本大震災後に新たに行ったリスクマネジメント（複数回答可）

	回答件数	（事務所，店舗，工場などの）耐震補強	（事務所，店舗，工場などの）地震保険の購入	事業継続計画（BCP）の策定・強化	サプライチェーンの強化	その他	特になし
全体	887	66社 7.4%	79社 8.9%	164社 18.5%	85社 9.6%	16社 1.8%	572社 64.5%

　問32では，リスクマネジメントを検討する順序について尋ねていて，その結果をまとめたのが図表2−37である。特に製造業については，リスク（ロス）コントロール（耐震補強）を実施してから，それらでカバーできないリスクについてリスク（ロス）ファイナンス（地震保険）を実施することが望ましいと考えられるが，実際には，「地震保険の購入を検討してから，耐震補強を検討する」（13.7%）も存在する。

図表2−37 リスクマネジメントの検討状況

	回答件数	耐震補強を検討してから，地震保険の購入を検討する	地震保険の購入を検討してから，耐震補強を検討する	耐震補強と地震保険を同時に検討する	地震保険を購入しようとしたが，（保険会社に）引き受けて貰えなかった	地震リスクに対するリスクマネジメントを検討したことはない
全体	849 100	139社 16.4%	116社 13.7%	176社 20.7%	35社 4.1%	383社 45.1%

　また，興味深いことに，地震保険を購入しようとしたが，（保険会社に）引き受けて貰えなかったという企業が4.1%（35社）存在している。数は少ないものの，図表2－36から東日本大震災以降に新たに地震保険を購入した企業が8.9%（79社）であることから考えると，4割強の企業で地震保険の引き受けを拒否されているものと推測できる。

　問33では，東日本大震災時の支援状況について尋ねていて，その結果をまとめたのが図表2－38である。85.4%の企業が，「支援は必要なかった」と回答している。また，支援を得た企業の中でも，「銀行が新たに融資をしてくれた」と回答した企業（7.5%）が最も多く，災害の時も，中小企業にとって銀行が重要な存在であることが確認できる。

図表2－38 東日本大震災時に得られた支援（複数回答可）

	回答件数	グループ企業が人を派遣してくれた	グループ企業がカネを貸してくれた	銀行が新たに融資をしてくれた	その他からの支援が得られた
全体	856	6社 0.7%	4社 0.5%	64社 7.5%	32社 3.7%

	回答件数	必要だったが，支援は得られなかった	支援は必要なかった	その他
全体	856	12社 1.4%	731社 85.4%	25社 2.9%

　問34では，回答企業の生産設備（事務所や工場など）の耐震補強の状況について尋ねていて，その結果をまとめたのが図表2－39である。「もともと事務所，店舗，工場などの耐震性が十分なので，耐震補強をする必要がない」（32.2%），「耐震性が十分ではないと考えられる事務所，店舗，工場などについて，すべて耐震補強を実施している」（2.6%），「耐震性が十分ではないと考えられる事務所，店舗，工場などについて，一部の耐震補強を実施している」

（14.7%）と半数程度の企業は生産設備に耐震強度があると考えられる一方で，「耐震性が十分ではないと考えられる事務所，店舗，工場などについて，耐震補強を実施していない」企業が，35.8% 存在している。これも，本書の範囲ではないが，企業によって耐震への取り組みが異なっている要因も明らかにしていく必要があるだろう。

図表2－39　回答企業の耐震補強の状況

	回答件数	もともと事務所，店舗，工場などの耐震性が十分なので，耐震補強をする必要がない。	耐震性が十分ではないと考えられる事務所，店舗，工場などについて，すべて耐震補強を実施している。	耐震性が十分ではないと考えられる事務所，店舗，工場などについて，一部の耐震補強を実施している。
全体	879 100	283社 32.2%	23社 2.6%	129社 14.7%

	回答件数	耐震性が十分ではないと考えられる事務所，店舗，工場などについて，耐震補強を実施していない。	わからない
全体	879 100	315社 35.8%	129社 14.7%

5. 金融機関との取引について

　中小企業にとって銀行との関係が，非常に重要なことは清水・家森（2009），小野（2011）や佐藤・浅井（2013）のサーベイで確認してきた。しかし，中小企業金融の中で，保険がどのような役割を果たしているのかという観点からの研究はほとんど行われてこなかった。そこで，本節では，保険との関係を念頭に置きながら，主に企業と銀行との関係について見ていく。

　問35では，回答企業のメインバンクの関係について尋ねていて，その結果を

58

図表2-40 回答企業のメインバンクの関係

	回答件数	大きく依存している	ある程度依存している	それほど依存していない	全く依存していない	メインバンクはない	わからない
全体	901 100	213社 23.7%	402社 44.6%	198社 22.0%	74社 8.2%	12社 1.3%	2社 0.2%

図表2-40にまとめている。「大きく依存している」（23.7%），「ある程度依存している」（44.6%）と，3分の2以上の企業が，少なからず銀行に依存していると考えている。一方で，「それほど依存していない」，「全く依存していない」と回答している企業も，それぞれ22.0%，8.2%と存在している。

中小企業の資金調達として真っ先に考えられているのが，「内部留保」と「金融機関からの借り入れ」であることを図表2-21，図表2-22で確認しているが，銀行への依存度は，保険の購入などと関係しているかもしれない。

次に，問36では，回答企業に対して銀行窓販の利用状況について尋ねていて，その結果をまとめたのが図表2-41である。「説明や勧誘・紹介，提案を受け，実際に保険を購入した」（16.9%），「説明や勧誘・紹介，提案を受けたが，保険は購入しなかった」（21.1%）と，4割弱の企業が，銀行から保険商品についての説明をうけていることがわかる。また，半数強の企業が「銀行が取り扱っていることは知っているが，保険は購入しなかった」（55.9%）と回答している。

すでに融資関係のある従業員50人以下の企業などについて，銀行窓口において，保険販売が認められていないものが多いが，本書のデータは，従業員21人

図表2-41 回答企業と銀行窓販

	回答件数	説明や勧誘・紹介，提案を受け，実際に保険を購入した	説明や勧誘・紹介，提案を受けたが，保険は購入しなかった	銀行が取り扱っていることは知っているが，保険は購入しなかった	銀行が取り扱っていることは知らない
全体	896 100	151社 16.9%	189社 21.1%	501社 55.9%	55社 6.1%

以上300人以下と，そうした中・小規模の企業を含んでおり，こうしたデータの特性が，上記のような結果をもたらしているものと考えられる。

　企業規模によって，銀行窓販への規制が存在するのは，一定以下の規模の企業では銀行との間にホールドアップ問題が生じやすく，融資とセットで保険を販売することが懸念されているからである。そこで，問37では，保険購入を断った時の融資への影響について尋ねていて，その結果をまとめたのが図表2－42である。「非常に感じる」，「少し感じる」という回答は，それぞれ0.8%，7.0%と，ゼロではないものの，数は少ない。

　一方で，「あまり感じない」，「全く感じない」と答えている企業はそれぞれ36.4%，50.0%であり，銀行窓口における保険の圧力販売自体は，現状では大きな社会的な問題になっているとまでは言えなさそうである。ただし，銀行窓販の問題は，本章のデータよりもさらに小規模の企業，具体的には従業員数20人以下の企業で深刻であろうと考えられるので，データに基づいたさらなる検証が必要であろう。

図表2－42 保険購入を断った時の融資への影響

	回答件数	非常に感じる	少し感じる	あまり感じない	全く感じない	わからない
全体	892 100	7社 0.8%	62社 7.0%	325社 36.4%	446社 50.0%	52社 5.8%

　リレーションシップバンキング研究分野では，取引銀行数をメインバンクとの関係の強弱を示していると考えることが多い。そこで，問38では，複数の金融機関と取引する理由について尋ねていて，その結果をまとめたのが図表2－43である。

　最も多い回答は「それぞれの金融機関・融資にメリットがあるから」，「複数から借りる方が金融機関同士の競争によって借入条件が有利になるから」が，それぞれ49.4%，48.0%であり，次に多いのが「不測の事態（借り入れが受け

図表2-43 複数の金融機関（銀行など）と取引する理由（複数回答可）

	回答件数	個別の金融機関の融資限度額が希望額より少ないから	不測の事態（借り入れが受けられなくなるなど）が起こったときに困るから	それぞれの金融機関・融資にメリットがあるから	複数から借りる方が金融機関同士の競争によって借入条件が有利になるから
全体	889	83社 9.3%	344社 38.7%	439社 49.4%	427社 48.0%

	回答件数	複数の金融機関から借りていない	その他	わからない
全体	889	122社 13.7%	38社 4.3%	21社 2.4%

られなくなるなど）が起こったときに困るから」（38.7%）である。また，「複数の金融機関から借りていない」（13.7%），「個別の金融機関の融資限度額が希望額より少ないから」（9.3%）という回答も存在している。「不測の事態（借り入れが受けられなくなるなど）が起こったときに困るから」などの理由は，企業と銀行の関係が弱いことを示しているとも解釈できるだろう。

Uchida, Udell and Yamori (2012) など，リレーションシップバンキング研究では，融資担当者との関係が，メインバンクとの関係の強弱を示していると考えることが多い。そこで，問39では，融資担当者，および支店長の担当期間，1年に会う回数を尋ねている。その結果をまとめたのが図表2-44である。現在の融資担当者との付き合いの長さは平均で約2年（中央値も2年），支店長

図表2-44 融資担当者の担当期間，担当者に会う回数

	①現在の融資担当者	②現在の支店長
1．担当期間 （つきあい）の長さ	（平均値）2.014年 （中央値）2年	（平均値）1.581年 （中央値）1年
2．面会頻度 （1年に何日会うか）	（平均値）24.433日 （中央値）20日	（平均値）9.438日 （中央値）6日

との付き合いの長さは平均で約1.6年（中央値は1年）である。また，融資担当者とは1年に約24回（中央値は20日）で，支店長とは約9日（中央値は6日）面会していることがわかる。

　リレーションシップバンキング研究分野では，こうした面会によって，融資担当者や支店長に融資先企業に関するソフト情報が蓄積されて，企業と銀行の間に存在する情報の非対称性から生じる問題が緩和されやすいと考えられている。担当期間は平均的に短いが，金融機関内での頻繁な人事異動は，不正を防止する一方で，融資に関係するソフト情報の蓄積を妨げ，金融機関の競争力を阻害している可能性もある。

　第1章では，先行する研究では，銀行との関係の強弱を表すものとして，企業と銀行の距離を使うことも多いことを見てきた。そこで，問40では，借入残高1位の金融機関の支店から回答企業までかかる時間について尋ねていて，その結果をまとめたのが図表2－45である。「0～10分」（25.1%），「10～20分」（32.3%），「20～30分」（19.7%）と8割弱の企業が30分以内で借入残高1位の金融機関の支店に到着できると回答している。残りの企業は「30～40分」（10.2%），「40～50分」（4.7%），「50～60分」（3.7%），「60分以上」（4.3%）と回答している。

　リレーションシップバンキング研究の枠組みの中では，銀行の支店と企業の物理的な距離が近い場合，ソフト情報が蓄積されやすく，銀行との間に存在する情報の非対称性が緩和されやすいと考えられている。

　最後に，問41では，総借入額に占める信用保証比率について尋ねていて，そ

図表2－45 借入残高1位の金融機関の支店から回答企業までかかる時間

	回答件数	0～10分	10～20分	20～30分	30～40分
全体	821 100	206社 25.1%	265社 32.3%	162社 19.7%	84社 10.2%

	回答件数	40～50分	50～60分	60分以上
全体	821 100	39社 4.7%	30社 3.7%	35社 4.3%

図表2－46 総借入額に占める信用保証比率

	回答件数	0％	0％超 25％未満	25％以上 50％未満	50％以上 75％未満
全体	833 100	291社 34.9%	276社 33.1%	112社 13.4%	63社 7.6%

	回答件数	75％以上 100％未満	100％	わからない
全体	833 100	17社 2.0%	9社 1.1%	65社 7.8%

の結果をまとめたのが図表2－46である。「0％」と回答する企業が34.9%いる一方で，その他の企業は，「0％超25％未満」（33.1%），「25％以上50％未満」（13.4%），「50％以上75％未満」（7.6%），「75％以上100％未満」（2.0%），「100％」（1.1%）と回答している。

6. まとめ

　本章では，2014年1月から2月にかけて実施した「企業の保険リスクマネジメントに関する実態調査」の調査結果を紹介した。日本の中小企業と保険リスクマネジメントについて，これまで十分に知られていなかった事実を明らかにしてきた。

　本調査の結果は，購入した中小企業の財務データと連結して，第3章以降で，実証的な分析を展開していく。まず，リレーションシップバンキングと保険需要の関係について，実証的に明らかにしようと考えている。また，生命保険の解約，デリバティブの利用についても，実証的な分析を進めていく。

　本書の範囲を超えているが，本章では，2011年に発生した東日本大震災について，いくつかのことを尋ねている。こうしたデータを分析していくことで，災害からの復興において保険が果たす役割を明らかにすることができるかもし

れない。さらに，中小企業においては，大企業ではあまり起こらない，事業承
継などの問題が発生し，生命保険などの役割が注目されることがある。アン
ケート調査の結果を分析することで，従来の金融論・保険論が注目してこな
かったテーマ，扱うことができなかったテーマについても，実証的な結果を提
示していけるだろう。

【質問票】

　本章のベースとなったアンケート調査である「企業の保険リスクマネジメントに関する実態調査」（（科学研究費補助金　若手研究（B）「保険需要構造の分析─ファイナンス理論の実証的検証─」（代表者　浅井義裕））について，すべての設問を掲載している。

Ｉ．貴社および回答者の概要について

問１．このアンケートに回答して頂いている方の属性は次のうちどれですか。該当するものを一つ選び，○で囲んでください。

１．社長　　　　２．財務部門の責任者　　　　３．総務部門の責任者 ４．その他（　　　　　　　　　）

問２．貴社と親会社・子会社との関係について，以下から該当する番号を一つ選び，○で囲んで下さい。

１．企業グループに属している　　　２．親会社を持たない独立系企業である ３．子会社を持っている

問３．経営者，従業員の自宅を，貴社の主要な事務所，店舗，工場などとして利用していますか。以下から該当する番号を選び（複数回答可），○で囲んで下さい。

１．事務所として利用している　　　２．店舗として利用している ３．工場として利用している　　４．その他施設として利用している ５．全く利用していない

問４．貴社の今後の経営の見通しとして，最も適切なものはどれですか。以下から該当する番号を一つ選び，○で囲んで下さい。

１．成長が期待できる　　　２．成長がやや期待できる　　　３．現状維持の見込みである　　４．縮小する見込みである　　５．わからない

問５．今後の貴社の（株主への）配当方針として，最も適切なものはどれですか。

以下から該当する番号を一つ選び，○で囲んで下さい。

1．今後増やす予定である	2．現状維持の予定である
3．今後減らす予定である	4．わからない

問 6 ．貴社が内部留保を保有する理由として，該当する番号を選び（複数回答可），○で囲んで下さい。

1．（短期の）運転資金のため　　2．（工場新設や機械の導入など）新規投資のため　　3．（工場や機械の）修理のため　　4．（事務所・工場の火災や地震などの）事故・災害などに備えて　　5．配当するため　　6．わからない　　7．内部留保は存在しない　　8．その他（　　　　　　　　　　　　　　）

問 7 ．貴社の海外との関係として，最も適切なものはどれですか。以下から該当するものの番号で選び（複数回答可），○で囲んで下さい。

1．事務所を海外に所有している　　2．店舗，工場を海外に所有している　　3．事務所，店舗，工場などを海外に所有していないが，製品などを輸出・輸入している　　4．海外への進出，海外の企業との取引はない　　5．わからない　　6．その他

Ⅱ．保険リスクマネジメントについて

問 8 ．1 年以内に，50％の確率で1,000万円の損失が発生するリスクがあるとします。ただし，保険料を支払っておけば，損失が発生した場合もその損失額を回収することができるものとします。仮に下表の各行の保険料でその保険を購入することができるとすれば，あなたは保険を購入しますか。9 つの行それぞれについて，保険料を払って保険を購入する場合は「A」を，保険を購入しない場合は「B」に○をつけてください。

保険料（円）		保険料を払って保険を購入する	保険料を払っても保険を購入しない
1	1万円		
2	10万円		
3	50万円		
4	100万円		
5	200万円		

6	300万円		
7	400万円		
8	450万円		
9	500万円		

問9．貴社の保険の手配について，どなたが保険購入の意思決定にもっとも強い
　　影響力をもっていますか。該当する番号を一つ選び，○で囲んで下さい。

問9－1　損害保険について

1．社長　　　　　2．財務部門の責任者　　　　3．総務部門の責任者 4．その他の取締役　　5．わからない　　6．その他　（　　　　　　　　　　）

問9－2　生命保険について

1．社長　　　　　　2．財務部門の責任者　　　　　3．総務部門の責任者 4．その他の取締役　　5．わからない　　6．その他　（　　　　　　　　　　）

問10．貴社の保険の手配の仕方について，該当する番号を一つ選び，○で囲んで
　　下さい。

1．部署ごとに保険を手配している　　2．総務部署のみで保険を手配している 3．財務・経理部署のみで保険を手配している　　4．法務部署のみで保険を 手配している　　5．その他　（　　　　　　　　　　　　　　　　）

問11．貴社に存在するリスクのうち，どの程度を保険の購入でカバーしていますか。該当するものを一つ選び，空欄に○を記入してください。

保険の種類	保険購入によるリスクへの対応状況				
	ほぼカバーしている	ある程度カバーしている	あまりカバーしていない	ほとんどカバーしていない	該当するリスクが存在していない
1．（火事による）企業財産の毀損や消失に関する保険					
2．（風水害による）企業財産の毀損や消失に関する保険					
3．（地震による）企業財産の毀損や消失に関する保険					
4．社用車による交通事故に関する保険					

5．事業活動から生じる外部への賠償責任に関する保険					
6．役員賠償責任に関する保険					
7．従業員の労災事故（政府労災への上乗せ給付部分）に関する保険					
8．製品・商品の物流過程での事故に関する保険					
9．工事における事故に関する保険					
10．売掛金の貸し倒れに関する保険					
11．（自然災害などによる）事業中断リスクに関する保険					
12．海外進出に伴うリスクに関する保険					
13．社長・役員への不測の事態の発生に関する保険					
14．事業承継などのリスクに関する保険					

問12. 貴社の保険の購入ルートについて，該当する番号を一つ選び，空欄に○を記入してください。

保険の種類	保険購入（加入）のルート					
	銀行系の代理店から購入した	自社・取引先系の代理店から購入した	知り合いの代理店から購入した	親会社からの紹介で購入した	その他から購入した	購入していない
1．（火事による）企業財産の毀損や消失に関する保険						
2．（風水害による）企業財産の毀損や消失に関する保険						
3．（地震による）企業財産の毀損や消失に関する保険						
4．社用車による交通事故に関する保険						
5．事業活動から生じる外部への賠償責任に関する保険						

68

6．役員賠償責任に関する保険					
7．従業員の労災事故（政府労災への上乗せ給付部分）に関する保険					
8．製品・商品の物流過程での事故に関する保険					
9．工事における事故に関する保険					
10．売掛金の貸し倒れに関する保険					
11．（自然災害などによる）事業中断リスクに関する保険					
12．海外進出に伴うリスクに関する保険					
13．社長・役員への不測の事態の発生に関する保険					
14．事業承継などのリスクに関する保険					

問13．貴社が加入されている<u>損害保険</u>（火災保険，地震保険，自動車保険，信用保険や賠償責任保険など）について，直近の会計年度に支払った<u>損害保険料</u>をお答え下さい。

損害保険料（火災保険，自動車保険等。貯蓄性の積立保険は除く）の年間支払い総額	円

問14．貴社の取引損害保険会社数（共済を含む）について，該当する番号を一つ選び，○で囲んで下さい。

1．1社　　2．2社　　3．3社　　4．4社　　5．5社以上
6．損害保険は購入していない

問15．貴社が損害保険を購入する理由として，該当する番号を選び（複数回答可），○で囲んで下さい。

1．損益に与える影響を少なくする　　2．資産の復旧資金の確保
3．災害事故時の運転資金の確保　　　4．事故対応のノウハウ・サポート
5．金融機関，取引先からの要請　　　6．株主に対する説明責任
7．社内他部門に対する説明責任　　　8．節税効果

　9．社会的責任　　　　　　　　10．過去の大事故の経験（反省）から
11．同業他社が購入しているので　12．その他（　　　　　　　　　）

問16. 貴社が損害保険を購入した経緯として，該当する番号を選び（複数回答可），○で囲んで下さい。

1．銀行からの融資の必須条件であった　　2．親会社からの要請があった
3．株主からの要請があった　　　　　　4．保険代理店から勧められた
5．税理士・公認会計士から勧められた
6．同業他社など知り合いから勧められた
7．貴社の中（経営陣や従業員）から，必要だという意見があったため
8．その他（　　　　　　　　　　　　）　　9．わからない

問17. 貴社の事務所，店舗，工場などが，①工場などの建設や設備の導入で資金が必要になった場合，②地震や火災などで損傷を受けた時に，再建のための資金調達を考える順番（新規投資の場合は1位から5位，復旧資金の場合は1位から6位）をそれぞれ書いて下さい。

	工場の新設，機械設備の導入などの新規投資の場合	火災，地震，水害などで，復旧資金が必要になった場合
内部留保	（　　　　　）位	（　　　　　）位
経営者からの借り入れ	（　　　　　）位	（　　　　　）位
経営者の親族などからの借り入れ	（　　　　　）位	（　　　　　）位
グループ企業からの資金の借り入れ	（　　　　　）位	（　　　　　）位
銀行・信用金庫の金融機関からの借り入れ	（　　　　　）位	（　　　　　）位
事前の保険購入		（　　　　　）位

問18. 貴社のデリバティブ（金融派生商品；通貨や金利に関するオプション，スワップ，先物・先渡取引，CATボンドなど）の利用状況について，該当する番号を一つ選び，○で囲んで下さい。

1．リスクマネジメントの手段として，デリバティブを利用したことがある
2．資金運用の手段として，デリバティブを利用したことがある
3．デリバティブを利用したことはないが，関心はある

4．デリバティブを利用したことはなく，関心もない

5．デリバティブとは何かわからない

問19．貴社の生産設備（工場など）の中でも，最も重要な建物の，保険・リスク
マネジメントの状況について，該当するものを一つ選び，空欄に○を記入して
ください（なお，1982年以降に建てられたものは，ある程度の耐震性がある
（新耐震基準）と考えます）。免責とは，一定金額以下の小さな損害について貴
社が自己負担する仕組み，（保険金）上限とは，支払限度額を超えた大きな損
害について貴社が自己負担する仕組みのことを指します。

	免責・上限の両方を設定して，購入している	免責だけを設定し，購入している	上限だけを設定し購入している	免責・上限を設定せず，購入している	購入していない
1．火災保険					
2．風水害保険					
3．地震保険					

	耐震補強を実施した	強度は不十分だが，耐震補強を実施していない	強度が十分なので，耐震補強は実施していない	わからない
耐震補強の実施				

問20．貴社の生産設備（工場など）の中でも，最も重要な建物について，資金を
どのように調達し，建設しましたか。該当するものを一つ選び，○で囲んで下
さい。

1．銀行からの融資を受け，現在返済している

2．銀行からの融資を受け，現在は完済した

3．経営者からの融資を受けて，現在返済している

4．経営者からの融資を受けて，現在は完済した

5．その他から融資を受けて，現在返済している

6．その他からの融資を受け，現在は完済した

7．株主から出資してもらった

8．内部留保を利用した

9．その他の方法で調達した

10．その他（　　　　　　　　　　　　　　　）

11．わからない

問21.　貴社の生産設備（工場など）の中でも，<u>最も重要な建物</u>に関する担保や個人保証はどのようになっているのかについて，該当するものを一つ選び，○で囲んで下さい。

1．担保を設定している　　　　2．個人保証を設定している
3．担保・個人保証ともに設定している
4．担保・個人保証ともに設定していない
5．わからない　　　　　　6．その他（　　　　　）

問22.　貴社の<u>最も重要な生産設備</u>（工場など）が重大な損傷を受けた時に，どのように資金調達できそうですか。該当する番号を選び（複数回答可），○で囲んで下さい。

1．メインバンクから融資が得られそうである
2．メインバンク以外の銀行から融資が得られそうである
3．日本政策金融公庫から融資が得られそうである　　4．地方自治体から融資が得られそうである　　5．親会社から融資が得られそうである　　6．取引先から融資が得られそうである　　7．その他から融資が得られそうである
8．どこからも融資が得られそうにない　　9．外部から出資して貰えそうである　　10．融資や出資の必要はない　　11．わからない　　12．その他
（　　　　　　　　　　）

（生命保険について）

問23.　貴社が加入されている特定の生命保険（<u>社長，経営者の方々が被保険者のもの</u>）について，<u>直近の会計年度</u>に支払った<u>生命保険料</u>をお答え下さい。

長期平準定期保険，逓増定期保険，役員退職金の保険料の年間支払い額（年金は除く）。	円

問24.　貴社が，経営者の生命保険を購入する理由として，該当する番号を選び（複数回答可），○で囲んで下さい。

1．（経営者の死亡時に）経営への影響を小さくする　　2．節税効果
3．経営者の退職金など資産形成　　4．従業員の福利厚生
5．金融機関からの要請　　　　6．取引先からの要請
7．株主に対する説明責任　　　　8．その他（　　　　　　　　　）

問25.　貴社が生命保険を購入した経緯として，該当する番号を選び（複数回答

72

可），○で囲んで下さい。

1．銀行からの融資条件であった　　2．保険代理店から勧められた 3．保険営業職員から勧められた　　4．税理士・公認会計士から勧められた 5．ファイナンシャルプランナーから勧められた 6．同業他社など知り合いから勧められた 7．貴社の中から，必要だという意見があったため 8．わからない

問26．過去5年間（2009年度から2013年度）での，貴社の保険の解約について，該当する番号を一つ選び（複数回答可），○で囲んで下さい。

1．保険を解約したことはない　　2．赤字が原因で，生命保険を解約した 3．赤字が原因で，損害保険を解約した 4．その他の理由で，生命保険を解約した 5．その他の理由で，損害保険を解約した 6．その他　（　　　　　　　　　　　） 7．わからない

問27．過去5年間（2009年度から2013年度）での，貴社の保険金受取りの経験について，該当する番号を選び，○で囲んで下さい。

1．損害保険で保険金を受け取った　　2．生命保険で保険金を受け取った 3．損害・生命保険ともに保険金を受け取った 4．保険金を受け取ったことはない　　5．わからない

Ⅲ．東日本大震災について

問28．東日本大震災後により，貴社が被った被害について，該当する番号を選び（複数回答可），○で囲んで下さい。

1．自社資産（事務所，店舗，工場）への直接的な損害 2．自社の罹災・休業による（間接的な）損害 3．外部サプライヤーの罹災・休業による損害 4．顧客の罹災・休業による損害　　5．経済活動鈍化のための損害 6．損害はなかった

問29. 東日本大震災によって，貴社はどのような影響を受けましたか？　最も適当なものの番号を選び，○で囲んで下さい。

```
1．赤字が拡大した　　2．黒字から赤字になった
3．（赤字，黒字でも）ほとんど影響がなかった　　4．赤字から黒字になった
5．黒字が拡大した
```

問30. 東日本大震災<u>以前</u>に，行っていたリスクマネジメントについて，該当するものの番号を選び（複数回答可），○で囲んで下さい。

```
1．（事務所，店舗，工場などの）耐震補強
2．（事務所，店舗，工場などの）地震保険の購入
3．事業継続計画（BCP）の策定
4．サプライチェーンの確認
5．その他（　　　　　　　　　　　　　）　　6．特になし
```

問31. 東日本大震災以後に，<u>新たに行った</u>地震リスクに対するリスクマネジメントについて，該当するものを番号で選び（複数回答可），○で囲んで下さい。

```
1．（事務所，店舗，工場などの）耐震補強
2．（事務所，店舗，工場などの企業火災保険の特約としての）地震保険の購入
3．事業継続計画（BCP）の策定・強化
4．サプライチェーンの強化
5．その他（　　　　　　　　　　　　　　　　）
6．特になし
```

問32. 貴社が地震リスクに対するリスクマネジメントを検討する順序として，該当するものを番号で一つ選び，○で囲んで下さい。

```
1．耐震補強を検討してから，地震保険の購入を検討する
2．地震保険の購入を検討してから，耐震補強を検討する
3．耐震補強と地震保険を同時に検討する
4．地震保険を購入しようとしたが，（保険会社に）引き受けて貰えなかった
5．地震リスクに対するリスクマネジメントを検討したことはない
```

問33. 東日本大震災の際に，得られた支援について，該当するものを番号で選び，○で囲んで下さい（複数回答可）。

74

> 1. グループ企業が人を派遣してくれた
> 2. グループ企業がカネを貸してくれた　　3. 銀行が新たに融資をしてくれた
> 4. その他からの支援が得られた
> 5. 必要だったが，支援は得られなかった
> 6. 支援は必要なかった
> 7. その他（　　　　　　　　　　　）

問34. 貴社の主要な事務所，店舗，工場などの地震に対する耐震補強の実施状況
について伺います。以下の「1」から「5」の状況のうち貴社にあてはまるも
のはどれですか。該当する番号を一つ選び，○で囲んで下さい（1982年以降に
建てられたものは，ある程度の耐震性がある（新耐震基準）と考えます）。

> 1. もともと事務所，店舗，工場などの耐震性が十分なので，耐震補強をする
>   必要がない。
> 2. 耐震性が十分ではないと考えられる事務所，店舗，工場などについて，す
>   べて耐震補強を実施している。
> 3. 耐震性が十分ではないと考えられる事務所，店舗，工場などについて，一
>   部の耐震補強を実施している。
> 4. 耐震性が十分ではないと考えられる事務所，店舗，工場などについて，耐
>   震補強を実施していない。
> 5. わからない

Ⅳ．金融機関との取引について

問35. 貴社の経営は，メインバンクにどの程度依存していると感じていますか。
最も適当なものを選び，○で囲んで下さい。

> 1. 大きく依存している　　　　　2. ある程度依存している
> 3. それほど依存していない　　　4. 全く依存していない
> 5. メインバンクはない　　　　　6. わからない

問36. 銀行等が保険を窓口販売したり，関連代理店を通じて保険を販売している
ことを知っていますか。また，銀行窓販で保険を購入したことがありますか。
最も適当なものを選び，○で囲んで下さい。

1．説明や勧誘・紹介，提案を受け，実際に保険を購入した
2．説明や勧誘・紹介，提案を受けたが，保険は購入しなかった
3．銀行が取り扱っていることは知っているが，保険は購入しなかった
4．銀行が取り扱っていることは知らない

問37．貴社が，銀行から保険の勧誘を受けて，それを断った場合，今後，融資において不利な取り扱いを受ける心配を感じますか。最も適当なものを選び，○で囲んで下さい。

1．非常に感じる　　2．少し感じる　　3．あまり感じない
4．全く感じない　　5．わからない

問38．現在複数の金融機関から借りる理由は何ですか。以下から該当する番号を選び，すべて○で囲んで下さい（複数回答可）。

1．個別の金融機関の融資限度額が希望額より少ないから
2．不測の事態（借り入れが受けられなくなるなど）が起こったときに困るから
3．それぞれの金融機関・融資にメリットがあるから
4．複数から借りる方が金融機関同士の競争によって借入条件が有利になるから
5．複数の金融機関から借りていない
6．その他（　　　　　　　　　　　　　　　　　）
7．わからない

問39．同じく現在最も多くの融資を受けている金融機関の職員についての質問です。次の表は，その金融機関で実際に貴社との取引にかかわっている職員を示しています。それぞれの職員について，1．貴社の担当となっている期間（つきあいの長さ　例：3.5年），2．現在の平均的な面会頻度をお答え下さい。

	①現在の融資担当者	②現在の支店長
1．担当期間（つきあい）の長さ	年	年
2．面会頻度（1年に何日会うか）	日	日

問40．貴社から，借入残高1位の金融機関の（実際に融資を受けている）支店ま

76

での時間（車・電車などで担当者が来る，もしくは貴社が訪問する方法で）は
どれくらいですか。以下から該当する番号を選び，○で囲んで下さい。

1．0～10分	2．10～20分	3．20～30分	4．30～40分
5．40～50分	6．50～60分	7．60分以上	

問41. すべての金融機関からの借入合計額のうち，信用保証制度による保証付き
借入の比率（残高ベース）はどの程度ですか。以下から該当する番号を一つ選
び，○で囲んで下さい。

1．0％　　2．0％超25％未満　　3．25％以上50％未満
4．50％以上75％未満　　5．75％以上100％未満　　6．100％
7．わからない

第3章　中小企業における損害保険需要

1. はじめに

　第3章では，中小企業の保険需要の中でも，特に，損害保険に焦点を当てる。第1章で概観したように，企業の損害保険需要に関する研究は，企業金融および保険の研究における重要なテーマである。保険に対する家計の需要はリスク回避から生じているが，株主は多くの投資先に投資をすることでリスクをヘッジできるため，株主は，企業に対して保険の購入を要求しないかもしれない。つまり，企業が保険を要求する背後にある理由は明らかではないのだが，規模，産業，国に関係なく，企業が保険を購入することは一般的に行われている。すなわち，企業が保険を購入する理由は，必ずしも明確ではないが，多くの企業が保険を購入している実態がある。

　こうした現実をうまく説明できない事態を解消するために，Mayers and Smith（1982），Main（1983），Mayers and Smith（1987），MacMinn（1987）などの保険分野の研究は，企業が損害保険を購入する理由を理論的に説明しようとした。そして，これらの研究は，保険を購入することによって，企業価値が高める可能性があることを示した。彼らの理論的研究の結果に基づいて，Yamori（1999）は，日本の上場企業のデータを使用して，企業の保険需要に関する実証的結果を提供した最初の研究である。その後，Hoyt and Khang（2000），Zou, Adams and Buckle（2003），およびRegan and Hur（2007）などのいくつかの実証研究は，企業の保険需要を説明する要因を見つけようと試

78

みている。その結果，税制上のメリット，破産コスト，所有構造が，保険需要に関連していることを発見している。

　しかしながら，これらの研究は，上場企業の保険需要だけを分析している点には注意が必要である。実際，Mayers and Smith（1982），Hoyt and Khang（2000），そして，Zou, Adams and Buckle（2003）といった先行研究は，中小企業と大企業では，損害保険を購入する動機が異なるという，以下の可能性を指摘している。第1に，中小企業は，大企業よりも，損失から生じる直接コストによって，経営が苦しくなる可能性が高い。第2に，人員が不足しているなどの問題から，リスク管理部門を設置することなどが困難であることが多い中小企業は，大企業よりも，保険会社から保険を購入することでリスク（ロス）コントロールサービスを享受できるなど，多くのメリットが期待できる。第3に，中小企業の経営者は，オーナー経営者などとして，企業の株式の多くを保有しているなど，自分の資産の多くを会社に投資しているため，大きなリスクにさらされている。

　上述のように，これまでのほとんど研究は，中小企業の保険需要について分析していなかったため，中小企業が保険を需要する理由を明らかにできてはいない。しかしながら，中小企業は，世界の多くの国で，企業数，国内総生産（GDP）の観点からも，経済活動のかなりの部分を占めていて，重要な存在である。したがって，中小企業の損害保険市場は，日本だけではなく，世界的にも重要な市場である。これまでの研究では，中小企業の保険需要を分析していないが，それは重要ではなかったためではなく，上場企業とは異なり，中小企業の保険需要のデータが利用できなかったため，中小企業の保険需要を分析することが困難であったためであった。第2章で紹介したアンケート調査によって，中小企業が，購入している損害保険料が明らかになっているため，実証的な分析が可能な環境が整いつつある。

　そこで，本章では，次の3つの仮説を検証する。中小企業は，株式や債券を発行して資金を調達することが困難であるため，上場企業よりも強い資金制約に直面している。その結果，銀行借入が中小企業の主な資金調達先となってい

る。実際，多くの先行研究が中小企業と銀行の関係を調査し，より強い関係が資金制約の緩和に役立っていることを発見している。したがって，銀行と強力な関係を構築できない場合，中小企業は資金的に制約されることになる。このような状況では，保険は，中小企業にとって重要な資金調達手段となる可能性がある。したがって，1番目の仮説は，「資金制約に直面している中小企業は，より多くの保険を需要する傾向がある」である。第2に，中小企業は，損害保険を購入することで，損益の変動を低下させることにより，税負担を軽減できる可能性がある。したがって，2番目の仮説は，「保険に節税効果を期待している中小企業ほど，損害保険を需要する傾向がある」である。第3に，大企業では，ある程度，財務構造を選択できるので，よりリスクの高い企業が，損害保険を購入している。一方で，中小企業では，リスクの高い中小企業が，損害保険を購入する余裕がない可能性がある。したがって，本章では，3番目の仮説は，「中小企業の保険需要は，信用評点と正の関係がある」とする。

　Graham and Harvey（2001）など，アンケート調査を利用した実証分析は，最近の企業金融分野の研究では頻繁に用いられるようになってきている。また，利用できるデータが制限される，中小企業金融の研究では，Ono and Uesugi（2009），Uchida, Udell and Yamori（2012）など，多くの研究がアンケート調査を利用して，実証分析を進めている。そこで，本書でも，第2章で紹介したように，中小企業の保険需要を分析するために，「企業の保険リスクマネジメントに関する実態調査」を実施した。2014年1月から2月にかけて，アンケート調査票を全国の中小企業の経営者に送った結果，調査票に回答があり，結果として767社のサンプルが利用できることになった。

　この研究は，中小企業の保険需要に焦点を当てた最初の研究である。本章の主な分析結果は次のように要約できる。まず，第1に，銀行との関係が，中小企業の保険需要に大きな影響を与えていることがわかった。中小企業が資金調達のために多くの銀行と取引しているということは，その中小企業が，厳しい資金制約に直面していることを意味する。したがって，資金制約に直面している企業は，損害保険を需要する傾向がある。第2に，節税効果を期待している

企業は，損害保険を需要する傾向があることがわかった。第3に，信用リスク
が高い中小企業は，保険を需要しない傾向があることが明らかになった。さら
に，資金制約と節税効果は，中小企業の中でも，所有と経営の分離が小さい
「独立系企業」（社長が筆頭株主である企業）においてのみ，統計的に有意であ
ることも確認できた。つまり，所有構造も中小企業の保険需要に影響すること
が明らかになった。

　本章は，以下のように構成されている。　第2節では，先行する理論的研究
と，実証研究に基づいて仮説を提示している。第3節では，利用するデータに
ついて説明し，第4節は，本章の分析で用いる変数と実証分析で用いるモデル
を示す。第5節では実証分析の結果を示し，第6節では本章をまとめる。

2. 実証分析と仮説

　これまでの理論的研究では，企業の保険需要を説明する要因が提案されてお
り，これまでの実証研究では，様々な国の上場企業のデータを使用して，企業
の保険需要の分析が行われてきた。本章では，中小企業のデータを使用して，
今まで実証的に分析されていない1つの新しい仮説を提示し，また，先行研究
からの2つの仮説を採用し，実証的な検証を行う。

2.1. 資金制約

　先行する研究は，中小企業は資金を調達するために株式や債券を発行するこ
とが難しいため，上場企業よりも強い資金制約に直面していることを指摘して
いる。そして，これらの研究は，中小企業と銀行の密接な関係は，銀行と企業
間の非対称情報から生じる資金制約の問題を緩和する可能性を指摘している。
Petersen and Rajan（1994）や Blackwell and Winters（1997）などの実証研
究は，銀行と中小企業の密接な関係が，金利を低下させて，資金の利用可能性
を高めることを示している。これらの研究は，銀行と中小企業の関係と，中小

企業が取引している銀行の数を表している。

　中小企業は，メインバンクから十分な資金を借りることができない場合，他の銀行から借りる。したがって，中小企業が多くの銀行から資金調達していることは，資金制約が大きいことを示している。つまり，資金制約が大きい中小企業は，資金を容易に借りることができないことを知っているので，彼らは，損失に備えるため，より多くの損害保険を需要する傾向にあることが予測される。したがって，最初の仮説を改めて述べると，次の通りである。

仮説1　資金制約が大きいほど，損害保険需要は大きくなる。

2.2.　節税効果

　Mayers and Smith（1982），Main（1983）は，節税効果が，損害保険を購入する強い動機となる可能性を指摘している。この動機は，損害保険料が課税所得から控除できるため生じる（節税効果）。さらに，保険料の支払いと保険金の受け取りは，課税所得の変動を低下させることによって，通時的な収益を安定させる働きをする。したがって，2番目の仮説は，以下の通りである。

仮説2　節税の動機を持つ中小企業ほど，損害保険需要が大きくなる。

2.3.　信用リスク

　先行する研究では，企業が破綻する可能性，つまり信用リスクが，損害保険需要と関係しているかどうかを明らかにしようとしてきた。中小企業金融の研究では，信用リスクの指標として，信用評点が用いられてきた。本書の研究でも，破産の可能性を示す，企業の信用評点を帝国データバンクから購入し，利用している。信用評点が低いということは，中小企業が破産する可能性が高いことを示している。したがって，中小企業の信用評点を利用することで，信用リスクが損害保険需要に与える影響を分析できる。

　破綻の可能性が高い企業は，破綻を回避するためにより多くの保険を需要す

る傾向があるものと予想できる。しかし，中小企業の場合は，損害保険を購入する余裕がない企業が多いかもしれない。こうした中小企業では，倒産しても失うものが少ないため，保険を需要しない可能性がある。逆に，破綻の可能性が低い中小企業は，破綻した場合に多くのものを失う可能性があり，したがってより多くの保険を需要する可能性がある。こうした観点からは，高い信用評点の中小企業ほど，損害保険を需要する傾向があるものと予想できる。

　つまり，信用リスクが，損害保険需要に及ぼす影響は，プラスとマイナス，いずれの効果も予想されるため，実証的な検証が必要である。中小企業による損害保険需要は，上場企業の損害保険需要ほど洗練されたものではなく，家計保険の需要に似ている可能性がある。すなわち，経営が良好な中小企業ほど，多くの損害保険を需要する傾向がある可能性が大きいと考えられる。そこで，3番目の仮説は，以下の通りである。

仮説3　信用評点が高い中小企業ほど，損害保険需要は大きくなる。

3.　データ

　本章の分析では，第2章で紹介した，2014年1月から2月にかけて実施されたアンケート調査である，「企業の保険リスクマネジメントに関する実態調査」を使用している。調査票の送付とそのデータの回収と集計は，帝国データバンクに委託し，帝国データバンクは909件の返信を（郵便で）受け取ったため，回答率は26.0％だった。これらの909社のうち，損害保険料の支払い額についての回答を得ることができた，767社を本章の分析に利用した。

　また，本書では，帝国データバンクから中小企業の財務諸表を入手した。この調査では，2014年に実施したアンケート調査の前年である，2013年に報告された財務諸表を使用している。本章の分析で用いる，資産規模，取引銀行数，信用評点などは，帝国データバンクから入手した，各中小企業の財務データを

利用している。

　中小企業の損害保険需要を分析するために，日本のデータを用いる理由は，以下の通りである。まず，第1に，日本は世界の中で，最も大きい保険市場の1つである。Sigma No.3 / 2017によると，日本は，2016年には，米ドル建て保険料総額で2番目に大きい保険市場であった。したがって，本章の分析は，世界最大の保険市場の1つに関する実証研究の結果を提示するものである。第2に，Rajan and Zingales（2003）も指摘するように，日本は，銀行を中心とする金融システムであると考えられている。したがって，本章の分析結果は，中小企業の資金調達におけるリレーションシップバンキングと損害保険需要の役割についての理解を深めるのに役立つであろう。

　また，本章が利用しているデータセットには，2つの利点がある。第1に，アンケート調査では，購入した損害保険の金額について質問している。つまり，需要側の観点から，損害保険を見ることを可能にしている。損害保険の購入額は，通常は公開されていない。また，帝国データバンクなどの信用調査会社に開示されている場合でも，生命保険料と損害保険料の両方が含まれていることがよくある。このアンケート調査では，損害保険料だけを特定することができている。第2に，このアンケート調査では，回答結果と，財務データなど，中小企業の他の情報をリンクして分析をすることができる。そうすることで，損害保険需要の決定要因を分析する際に，中小企業の特性をコントロールすることも可能になっている。

4. 変数と分析モデル

　図表3－1では，本章の実証分析で使用される変数の一覧とその定義を示し，図表3－2で，これらの変数の記述統計量を示している。

84

図表3−1 変数の定義

変数	定義
被説明変数	
損害保険需要	損害保険料を保険可能資産で割ったもの
対数損害保険需要	損害保険料を保険可能資産で割ったものの，自然対数を取ったもの
説明変数	
銀行取引関係	
銀行数	企業が取引している銀行の数
節税効果	
節税動機	損害保険の購入の動機が，節税と回答していれば1を取る変数，そうでなければ0を取る変数
信用リスク	
信用評点	帝国データバンク信用評点（0〜100点）
企業の特性	
対数資産	資産額の対数
成長期待	「成長を予想している」，「ある程度の成長を予想している」と回答していれば1を取る変数，そうでなければ0を取る変数
被災経験	「災害による損失を経験したことがある」と回答していれば1を取る変数，そうでなければ0を取る変数
銀行からの要請	「融資を受けた際，銀行から要請があった」と回答していれば1を取る変数，そうでなければ0を取る変数

4.1. 被説明変数

　上場企業の保険需要に関する最初の実証研究は，日本の上場企業の損害保険料を利用したYamori（1999）である。この分野の，その後の研究ではすべて，損害保険料を変数として利用している。Yamori以降の研究では，保険可能資産を有形資産から土地価値を差し引いたものと定義し，損害保険料を保険可能資産で割ったものを被説明変数として定義している。本章の分析も，先行する研究が採用してきたものを，被説明変数として採用していく。

図表3-2 記述統計

	サンプル数	平均	中央値	最大値	最小値
被説明変数					
損害保険需要	767	5.166	1.961	411.562	0
対数損害保険需要	757	2.087	1.998	8.095	−8.995
説明変数					
銀行数	905	4.945	5	10	1
節税効果	905	0.122	0	1	0
信用評点	904	54.208	54	72	29
対数資産	904	6.145	6.134	7.270	4.834
成長期待	896	0.502	1	1	0
被災経験	898	0.062	0	1	0
銀行からの要請	898	0.118	0	1	0

4.2. 説明変数

4.2.1. 仮説に関する説明変数

　仮説1を検証するために，銀行との関係を，中小企業が取引する銀行の数で計測している。つまり，企業が借り入れている銀行の数が多いほど，各銀行との関係は弱くなるため，これを銀行と企業の密接さを表す変数として採用している。

　仮説2では，中小企業が，節税動機に基づいて損害保険を購入しているか，検証する。本章で分析に利用するアンケート調査では，中小企業に「貴社が損害保険を購入する理由は何ですか？」と尋ねている。回答は，「1. 利益への影響を軽減するため　2. 損失からの回復の資金を確保するため　3. 運転資金を確保するため　4. 事故に対応するための必要な知識を獲得するため　5. 銀行が要求したため　6. 株主に対する説明責任　7. 企業内の説明責任　8. 節税効果　9. 社会的責任　10. 過去の被災の経験　11. 同業他社が購入してい

るので　12. その他」（複数回答可）から構成されている。そして，中小企業が，「節税効果を期待して，損害保険を購入した」と回答していた場合，説明変数は 1 を取り，それ以外の場合は 0 を取る。損害保険を購入した理由は，後述する，その他の説明変数にも利用している。

　仮説 3 を検証するために，企業の信用リスクを計測するのに，信用評点を採用する。Mayers and Smith（1990）は，保険を購入すると，リスクを保険会社に移転させることができるため，信用リスクから生じる，コストを減少させることができると主張している。つまり，信用リスクの高い企業は，破綻を避けるために保険を購入することが予想される。

　一方で，特に中小企業では，信用リスクの高い企業が，十分な保険を購入する余裕がない可能性もある。さらに，信用リスクが低い中小企業は，破綻した場合，評判なども含めて，多くの損失を被る可能性がある。信用リスクが高い中小企業は，失うものがほとんどないため，信用リスクが高い中小企業の場合，損害保険の需要が少なくなると予想できる。つまり，中小企業の信用リスクが，損害保険需要に及ぼす影響は，プラスとマイナスのいずれの可能性もありうるため，これらの影響を実証的に分析する必要がある。本章では，中小企業では，信用リスクの低い企業ほど，多くの損害保険を需要すると予想している。

4.2.2. その他の説明変数

　上述の仮説に関する変数に加えて，先行する研究に従いながら，損害保険需要に関連する説明変数を準備している。第 1 に，先行する研究では，企業規模が，損害保険需要へもたらす影響を考慮している。本章の分析では，資産の自然対数を使用して，中小企業の保険需要に対する規模の影響をコントロールしようとしている。また，Hoyt and Khang（2000）や Zou and Adams（2006）など，上場企業に関する先行する研究は，損害保険需要に対する成長期待の影響を分析している。成長の機会が大きい企業は，事故が起こると，成長のための投資ができなくなるため，損害保険を需要する傾向があると考えられている。さらに，過去の被災経験も，損害保険に対する需要と関連している可能性があ

る。日本は大規模な地震や台風で被害を受けることが多い国のため，これらの影響を考慮する必要があるだろう。したがって，中小企業が「過去の被災経験に基づいて損害保険を購入している」と回答している場合には 1 を取る，そうでない場合には 0 を取る，説明変数を採用している。過去の被災の経験は，損害保険需要とプラスの関係があると予想できる。

　Doherty（2000）は，保険が，銀行と株主の間で生じる問題を緩和できる可能性を指摘している。したがって，損害保険を購入した理由として，「銀行から資金を借りるときに要望があった」と回答していた場合，1 を取る変数を，そうでない場合は 0 を取る変数を導入している。本章では，銀行から要望があった場合に，損害保険需要が多くなると予想している。

4.3. 実証分析のモデル

　仮説を検証するために，次の回帰式で推計する。

損害保険需要 $= f$（銀行との関係，節税効果，信用評点，企業規模，成長期待，被災経験，銀行からの要請）

　Yamori（1999），Hoyt and Khang（2000）に従って，最小二乗法（OLS）で分析を行う。損害保険需要は，支払われた損害保険の保険料を，保険可能資産で割った値として定義される。ただし，図表 3 - 2 が示しているように，損害保険需要の値は偏っている。したがって，損害保険需要だけではなく，「損害保険需要の自然対数」も対数損害保険需要として採用している。自然対数を取ると，損害保険需要は，負の値から正の値を取る。ただし，自然対数を使用することで，サンプルの歪みの問題が軽減される。2 つの被説明変数を採用した回帰モデルで分析することで，変数の問題が，誤った結果をもたらさないように工夫している。損害保険需要に関する分析の結果は，図表 3 - 3，図表 3 - 5，および図表 3 - 6 に示している。本章の分析では，「損害保険需要」，「対数損害保険需要」の両方の回帰モデルで，有意であることが確認できた場

88

合に，仮説が採択されると定義する。

　説明変数としての「銀行数」は，中小企業が取引する銀行の数で定義される。「節税効果」は，中小企業が，節税効果を期待して，損害保険を購入したかどうかを示す変数である[1]。「信用評点」は，帝国データバンクから購入した，該当する中小企業の信用リスクの評価である。「対数資産」とは，企業の規模を測定するために使用される，資産の自然対数である。「成長期待」とは，中小企業の成長期待の尺度であり，成長を期待していると回答している場合，1を取る変数である。「被災経験」は，中小企業が過去に自然災害を経験していた場合，1を取る変数である。最後に，「銀行からの要請」は，中小企業が，銀行の求めに応じて損害保険を購入していた場合，1を取る変数である。

5. 実証分析の結果

5.1. すべてのサンプルを用いた実証分析
　図表3-3は，中小企業の損害保険需要の決定要因に関する分析の結果を示している。図表3-2で示しているように，損害保険需要は歪んでいるため，こうした歪みによって，異なった結果がもたらされていないかを確認するため，図表3-3では，損害保険需要について，モデル1（損害保険需要）とモデル2（対数損害保険需要）を準備して，損害保険需要の歪みが誤った結果をもたらしているわけではないことを確認している。

　図表3-3は，すべての企業のサンプルを対象にした実証分析の結果を提示している。本章の分析の中でも，最も重要な結果の1つであるが，図表3-3は，モデル1と2の両方において，「銀行数」の係数が，正で有意であることを示している。したがって，**仮説1**が支持された。つまり，実証分析の結果は，銀行と強い関係を持たない中小企業は，より多くの損害保険を需要する傾向があることを示している。この結果は，銀行との関係が弱い企業は，資金制約問題に対処するために，十分な損害保険を需要する傾向があることを意味してい

る。

　図表3－3は，モデル1と2の両方で，「節税効果」の係数が，正で有意であることを示している。したがって，**仮説2**が支持されている。また，図表3－3では，モデル1および2で，「信用評点」の係数が正で有意であることを示している。したがって，**仮説3**が採択されている。

　仮説以外の変数に目を転じると，「対数資産」の係数は，損害保険需要について，負で，かつ有意である。つまり，規模が大きい企業は，規模の小さい企業よりも，損害保険需要が少ない。こうした結果は，上場企業の損害保険需要の分析結果とも一致している。すなわち，企業規模の大きい企業は，工場を複数保有するなど，保険以外のリスクマネジメントが可能だからであると解釈できるだろう。先行するいくつかの研究では，損害保険需要について，企業の「成長期待」の係数は，正であると報告されている。これは，成長見通しのある企業にとって，事故後のキャッシュフローの不足の影響が特に大きいためである。ただし，本章の図表3－3の結果は，「成長期待」が，中小企業の損害

図表3－3 損害保険需要に影響を与える要因

変数	モデル1（損害保険需要）			モデル2（対数損害保険需要）		
	係数	標準偏差	t値	係数	標準偏差	t値
定数項	64.399	11.249	5.725 ***	5.203	0.331	15.739 ***
銀行数	0.523	0.297	1.760 *	0.028	0.009	3.246 ***
節税効果	4.468	2.100	2.128 **	0.221	0.062	3.597 ***
信用評点	0.355	0.102	3.464 ***	0.018	0.003	6.152 ***
対数資産	−13.411	1.661	−8.072 ***	−0.980	0.049	−20.087 ***
成長期待	1.494	1.319	1.133	−0.003	0.039	−0.086
被災経験	2.121	1.522	1.394	−0.029	0.045	−0.640
銀行からの要請	4.186	2.069	2.024 **	0.008	0.061	0.131
サンプル数	766			757		
修正 R^2	0.099			0.366		

***，**，* はそれぞれ1％，5％，10％水準で有意であることを示している。

保険需要に有意に影響していないことを示している。また,「被災経験」が,
損害保険需要に影響していないことも示している。図表3－3の結果は,「銀
行からの要請」については,モデル1では正,かつ有意であるが,モデル2で
は有意ではないことを示している。したがって,図表3－3の結果は,「銀
行からの要請」の効果について,一貫した結果を示していないため,損害保険需
要に有意に影響しないと解釈しておく。

5.2. 所有構造と保険需要

5.2.1. 独立系企業の保険需要とその他の企業の保険需要

　中小企業に関する,所有構造の最も顕著な特徴は,所有と経営の分離の程度
が小さいことであろう。したがって,中小企業の筆頭株主は,その企業の社長
が多いが,グループ企業の関連会社であるなど,それ以外のパターンも存在し
ている。グループ企業であれば,資金制約に直面した時も,親会社や他のグ
ループ企業から,資金に関係する援助を受けられる可能性が高い。一方で,筆
頭株主が企業の社長である「独立系企業」では,親会社から資金援助を受けら
れる可能性はない。したがって,筆頭株主が企業の社長であるかどうかは,中
小企業の損害保険需要に影響を与えているかもしれない。

　本節では,サンプルを「独立系企業」と「その他の企業」に分割すること
により,中小企業の保険需要に対する所有構造の影響を調べる[2]。「独立系企業」
では,社長が筆頭株主であり,これらの企業では,所有と経営の分離という特
徴はない。「その他の企業」では,筆頭株主ではない社長,もしくは企業グ
ループに所属している企業と定義する。これらの企業では,ある程度,所有と
経営が分離している。

　帝国データバンクから購入した財務情報から得られる,中小企業の上位5大
株主と社長の名前を利用して,独立系企業（317社,41.3%）とその他の企業
（450社,58.7%）に分類した。Stulz（1984）が指摘しているように,「独立系
企業」は,より大きな利害関係を持っているので,保険を購入するより強いイ

ンセンティブを有していると予想できる。

　図表3－4は，「独立系企業」と「その他の企業」の間で，損害保険需要に
関するt検定の結果を示している。上述のように，損害保険需要は，損害保険
料を保険可能資産で割った値である。「独立系企業」では，所有と経営の分離
がないため，「その他の企業」よりも保険需要が大きいと予想した。

　ところが，図表3－4は，損害保険需要の数値が独立系企業では5.410，そ
の他の企業では6.953であることを示している。Stulz（1984）などの予想に反
して，「独立系企業」は「その他の企業」よりも，損害保険需要が小さいが，
その差は統計的に有意ではない。したがって，図表3－4の分析からは，「独
立系企業」と「その他の企業」の間で損害保険需要に大きな違いは確認できな
い。

図表3－4　損害保険需要に関するt検定

	サンプル数	平均	差	t値
独立系企業	317	5.410	−1.183	−0.850
その他の企業	450	6.593		

***，**，*　はそれぞれ1％，5％，10％水準で有意であることを示している。

5.2.2.　独立系企業とその他の企業における損害保険需要の決定要因

　次に，サンプルを分割して，「独立系企業」と「その他の企業」における，
損害保険需要の決定要因を分析する。図表3－5と図表3－6において，「銀
行数」と「節税効果」の結果は対照的である。つまり，「独立系企業」の損害
保険需要を分析した図表3－5では，「銀行数」と「節税効果」は統計的に有
意であるが，「その他の企業」の分析を行っている図表3－6では，「銀行数」
と「節税効果」について，統計的な有意性は確認できない。

　図表3－5では，「銀行数」は，損害保険需要を説明する重要な要因である
ことを示している。これはすべてのサンプルを用いた，図表3－3の結果と一

致している。つまり，「独立系企業」では，資金制約に直面している企業は，損害保険を通じて，将来の資金ニーズに備えていると解釈できるだろう。対照的に，図表3－6は，モデル1，モデル2のいずれにおいても，「銀行数」は統計的に有意ではないことを示している。つまり，図表3－6の結果は，図表3－5の結果と一致していない。すなわち，「独立系企業」とは違って，「その他の企業」では，銀行との関係が密接ではないからといって，損害保険需要が大きくなる傾向が確認できない。これらの結果は，銀行との関係は，独立系企業の資金制約の緩和にとって，より重要であることを示している。

　さらに，「独立系企業」の損害保険需要を分析した，図表3－5では，「信用評点」が損害保険需要について，正，かつ有意であることを示している。また，「その他の企業」の分析を行った図表3－6でも，「信用評点」が正かつ有意であることを示している。「信用評点」が，損害保険需要について，正かつ有意な関係にあることは，図表3－3，図表3－5，および図表3－6の結果で一貫している。つまり，これらの回帰分析の結果は，信用リスクが中小企業の損害保険需要の重要な要因であることを示している。

　仮説以外のコントロール変数に関しては，図表3－5および図表3－6は，「対数資産」が保険需要に負で，有意であることを示しており，この結果は図表3－3と一致している。同様にして，「成長期待」と「被災経験」が損害保険需要について，係数が有意ではないことも確認できる。図表3－5と図表3－6の結果は，「成長期待」と「被災経験」が，中小企業の損害保険需要の重要な決定要因ではないことを示している。

　また，図表3－5は，モデル1（損害保険需要）とモデル2（対数損害保険需要）では，「銀行からの要請」は統計的に有意ではないことを示している。図表3－6の結果は，モデル1では，「銀行からの要請」は正かつ統計的に有意であるが，モデル2では，統計的に有意ではない。したがって，図表3－3と同様に，「銀行からの要請」は，損害保険需要の有意な変数ではないと解釈しておく。

　まとめると，図表3－5と図表3－6の結果は，「その他の企業」の損害保

図表3－5　損害保険需要に影響を与える要因（独立系企業）

変数	モデル1（損害保険需要）			モデル2（対数損害保険需要）		
	係数	標準偏差	t値	係数	標準偏差	t値
定数項	45.595	9.363	4.870***	5.539	0.552	10.036***
銀行数	0.548	0.258	2.125**	0.060	0.015	3.934***
節税効果	7.771	1.659	4.685***	0.317	0.098	3.243***
信用評点	0.297	0.084	3.524***	0.012	0.005	2.461**
対数資産	−9.754	1.357	−7.189***	−1.012	0.080	−12.633***
成長期待	−0.448	1.078	−0.416	−0.037	0.064	−0.585
被災経験	−0.046	1.198	−0.039	0.020	0.071	0.276
銀行からの要請	0.608	1.557	0.391	−0.069	0.092	−0.749
サンプル数	316			316		
修正 R^2	0.203			0.365		

***，**，* はそれぞれ1％，5％，10％水準で有意であることを示している。

図表3－6　損害保険需要に影響を与える要因（その他の企業）

変数	モデル1（損害保険需要）			モデル2（対数損害保険需要）		
	係数	標準偏差	t値	係数	標準偏差	t値
定数項	76.285	17.777	4.291***	4.844	0.410	11.829***
銀行数	0.690	0.470	1.467	0.015	0.011	1.349
節税効果	1.845	3.446	0.535	0.177	0.079	2.236**
信用評点	0.418	0.163	2.556***	0.023	0.004	6.177***
対数資産	−16.107	2.640	−6.101***	−0.952	0.061	−15.685***
成長期待	3.011	2.108	1.429	0.031	0.049	0.638
被災経験	4.096	2.509	1.633	−0.075	0.058	−1.288
銀行からの要請	7.551	3.510	2.151**	0.083	0.081	1.017
サンプル数	449			449		
修正 R^2	0.096			0.377		

***，**，* はそれぞれ1％，5％，10％水準で有意であることを示している。

険需要については，「資金制約」や「節税効果」は有意な変数ではないが，「信用リスク」と「規模」については有意な変数であることを示している。つまり，「その他の企業」は，資金制約を解消するため，もしくは節税効果を期待して，損害保険需要をしている訳ではないことが確認できる。

　図表3-6の結果とは対照的に，図表3-5の結果は，「独立系企業」では，損害保険需要は，「資金制約」や「節税効果」の影響を強く受けていることを示している。これらの2つの要因は，「カネ」に関係する項目であり，「独立系企業」では，社長が，所有者として大きな利害関係を持っているため，説得力のある結果である。「独立系企業」と「その他の企業」の対照的な結果は，中小企業が損害保険を需要する理由を理解するのに役立つ。つまり，本章の実証結果は，中小企業の損害保険需要のメカニズムを明らかにしていると言えるだろう。

6.　むすび

　本章では，日本の中小企業（製造業）の，アンケート調査によって得られた貴重なデータセットを利用して，中小企業の保険需要のメカニズムを分析してきた。

　その結果，以下のことが明らかになった。第1に，様々な銀行から借りている中小企業は，銀行との関係が弱く，その結果，より多くの損害保険を需要する傾向があることがわかった。したがって，損害保険が中小企業の資金源として重要な役割を果たしていることが確認できた。第2に，本章の実証分析の結果は，節税効果を期待している中小企業は，より多くの損害保険を需要する傾向があることを示している。先行する研究では，節税効果は，損害保険需要と関連していることを発見できなかったが，本章の結果は，中小企業を対象にして，損害保険を購入する理由を直接尋ねることで，先行する研究の結果とは反対の結果，すなわち，節税効果は，損害保険需要と正，かつ有意な関係がある

ことを発見している。第 3 に，信用リスクが高い中小企業は，損害保険を需要しない傾向があることを示している。信用リスクと損害保険需要の関係に関しては，先行する研究の結果は必ずしも一致していないが，本章の結果は，中小企業の損害保険需要に関するものであり，信用リスクが高い中小企業は，損害保険を購入する余裕がないため，損害保険需要が少ないことを示しているのであろう。

　また，損害保険需要に影響を与える要因は，その所有構造の違いによって，中小企業の間でも異なることもわかった。社長が筆頭株主であり，企業グループに所属していない中小企業にとって，資金制約や節税などの要因は，損害保険需要に有意に関係している。一方で，社長が筆頭株主ではない企業，企業グループに属している企業の場合，これらの要因は損害保険需要の重要な要因ではないことが確認できる。

　全体として，本章の最も重要な貢献は，損害保険が，中小企業の資金調達の手段として用いられていることを指摘している点であろう。Boschmans and Pissareva（2017）は，中小企業のより幅広い資金調達手段を紹介しているが，損害保険を中小企業の資金調達手段として記載していない。本章の結果は，特に，将来の損失に対する資金調達を考える場合，中小企業向けの企業金融の手段として，損害保険が機能している可能性を明らかにしている。

　本章は，中小企業の損害保険需要に焦点を当てた，最初の研究である。結果は，将来の保険分野での研究にいくつかの含意を持つ。第 1 に，この研究は主に国内の中小企業に焦点を当てているが，多国籍企業（Multinational Enterprises）による保険需要やその他の種類のリスク管理も重要な研究分野になる可能性がある。国内にある製造業の中小企業は通常，1 つの工場を持ち，異なる地域に他の工場を配置することでリスクをヘッジする余裕がない。対照的に，多国籍企業は地理的多様化を使用してリスクをヘッジできる。したがって，多国籍企業は中小企業よりも損害保険を需要する必要がないかもしれない。一方で，多国籍企業は，国をまたがる地理的多様性によって，政治的リスクなどの新たなリスクにつながる可能性があり，多国籍企業はより多くの保険を需

96

要するか，他の種類のリスク管理を使用する必要がある。したがって，多国籍企業の保険に対する需要は，プラスとマイナスのいずれの方向にも働く可能性があり，実証的な検証が必要である。国内の中小企業と，世界的な多国籍企業の，損害保険需要の結果について，特徴的な特性を比較することで，企業の保険需要をさらに理解することができるようになるだろう。

　第2に，上場企業に関する研究が行っているように，中小企業の損害保険需要は，様々な国のデータを使用して検証することが必要になるだろう。損害保険需要の研究は，上場企業，先進国に偏っているため，発展途上国の，中小企業の損害保険需要の分析も必要になるだろう。第3に，本章の結果は，中小企業の損害保険需要に関する実証的な分析であったが，製造業以外の様々な業種に拡張して行うことも可能である。第4に，この調査で得られた結果は，従業員21人以上300人以下の，中規模企業のものであり，さらに規模の小さい小規模企業（従業員20人以下）の損害保険需要に関する分析も，今後は必要になっていくだろう。

■注
1　節税効果とは，利益の変動を減らそうという試みでもあり，違法な「脱税」ではない点には注意が必要である。
2　その他の企業は，「社長が筆頭株主ではないが，親会社を持たない」，「社長が筆頭株主だが，親会社を持つ」，「社長が筆頭株主ではなく，親会社を持つ」の3つに分類される。所有構造の違いでは，「社長が筆頭株主で，親会社を持たない」と「社長が筆頭株主ではなく，親会社を持たない」の差が大きい。この2つに関する分析結果は，本節と同様の結果が得られることを確認しているが，本節では，図表3－4，図表3－5，図表3－6の結果を掲載している。

第4章　中小企業における生命保険需要

1. はじめに

　本書の第1章では，中小企業の資金制約と保険需要の研究についてサーベイ
を進めてきた。第2章では，アンケート調査の結果を紹介し，このデータを用
いて，第3章では，中小企業の損害保険需要の実証分析を行ってきた。本章は，
第3章の，損害保険需要の分析に続き，中小企業の生命保険需要の分析を進め
ていく。

　企業金融に関する議論の中では，保険を購入することで，企業価値が高まる
と説明されることがある。第1章で概観してきたように，先行する研究は，保
険購入によって企業価値が高まる理由を次のように説明している。第1に，
Mayers and Smith（1987），MacMinn（1987）は，保険を購入すると，その企
業において過少投資問題や資産代替問題が緩和され，企業価値が増加する可能
性を指摘している[1]。第2に，Mayers and Smith（1982）は，保険料の支払い
などコストをかけてヘッジをしても，倒産確率が減り，資金調達コストが低下
することによって，企業価値が増加するとしている[2]。第3に，Main（1983）
は，保険を購入することによって企業業績の変動が減少し，税金の支払額も減
少することによって企業価値が増加すると指摘している[3]。

　保険需要を企業金融の枠組みで理解しようという理論的な試みを受けて，企
業の保険需要を実証的に明らかにしようという研究が進みつつある。日本の上
場企業のデータを使って初めて企業の保険需要の分析を行った Yamori（1999）

は，規模が小さい企業の方が損害保険を需要する傾向があること，規制産業の方が損害保険を需要する傾向があること，所有構造と破綻リスクは損害保険需要とは関係がないことを明らかにした。

　続いて，Hoyt and Khang（2000）は，アメリカの保険料データを用いて，上場企業の保険需要に影響を与える要因を明らかにした[4]。同様にして，Zou, Adams and Buckle（2003），Zou and Adams（2006）は，中国の上場企業のデータ，Regan and Hur（2007）は，韓国の大企業のデータを用いて，保険需要の決定要因を明らかにしようとしている。Aunon-Nerin and Ehling（2008）は，配当性向が高い企業は，保険を買わない傾向があることを発見している。また，破綻コストが高いほど，保険でカバーする範囲が広くなる傾向があることを発見している。Jia, Adams, and Buckle（2012）は，インドのデータを用いて保険需要に関する実証研究を行っている。上述の先行する実証研究の結果からは，保険需要を説明する要因として，企業規模，破綻確率の代理変数としてのレバレッジ，税金に関する理論的な説明が妥当であろうというコンセンサスが得られつつある。また，Zou（2010）が，保険需要は企業価値を高めることを発見するなど，保険需要と企業価値の間にプラスの関係があることを直接的に示す実証研究の結果も出始めている。

　しかしながら，こうした先行する研究のほとんどは，「上場企業」を対象にしたものである。しかも「損害保険需要」を扱ったもので，データの入手やその分析が大幅に制限される「中小企業」の保険需要について分析を行ったものは，Asai（2019）以外にはなく，中小企業の保険需要の実態というものは明らかになっていない。特に，中小企業では，一定の役割を果たしていると考えられる，生命保険需要の分析は行われていない。そこで，本章では，第2章のアンケート調査結果を利用することで，中小企業の生命保険需要の実態を明らかにしようと試みる。また，上場企業は，株式や社債の発行によって資金調達が可能だが，中小企業はこうした資金調達の方法がほとんど存在していない。そのため，数多くの研究が指摘するように，中小企業では，銀行からの資金調達に依存する傾向があることが指摘されている。他にも，内田（2011）は，中小

企業金融における企業間信用の重要性に注目している。

つまり，中小企業の金融行動は，大企業のそれとは異なる可能性があり，保険需要のあり方も大きく異なる可能性がある。特に，中小企業の金融においては，銀行との関係（リレーションシップバンキング）が，より重要な役割を担っていることを先行する一連の研究結果は示している。保険については，生命保険需要と銀行との関係においては，銀行との関係が密接ではない企業がより生命保険を需要する傾向，つまり，銀行から迅速に資金が借りられないため，生命保険を購入しておこうとする可能性がある。そこで，本章では，「中小企業金融における銀行と生命保険需要の関係」を実証的に明らかにしようと試みる。

さらに，中小企業は大企業に比べて資金調達の制約があるだけではなく，「所有」と「経営」の関係も大企業とは異なっている。保険を購入し，利益を安定化させることで，税金の支払いを減少させることができれば企業の収入が増えるため，中小企業では保険を購入することによって，経営者自身の取り分を増やそうという動機が強くなるかもしれない。また，大企業の経営者よりも，自分，もしくは親や親族が苦労して作り上げた企業であるという経営者も多く，保険を購入して経営を安定化したいという動機もより強く働くかもしれない。すなわち，所有と経営が分離していないという事実から，大企業の保険需要のあり方と，中小企業の保険需要のあり方は大きく異なっている可能性がある。

資金調達上の制約や所有構造の違いだけではなく，中小企業は，事業承継・相続，経営者の退職金の準備という問題に直面することも多い。藤井（2010）は，中小企業が生命保険を購入する動機を，(1)リスクへの対応（①福利厚生目的，②事業承継目的，③利益平準化目的），(2)節税目的，(3)資金調達目的，の3つに分類している。本郷（2008）は，生命保険を購入している中小企業は，運転資金が不足した際に契約者貸付制度を利用できること，格付け，借入審査の際に生命保険を解約するなどによって赤字決算を回避できる可能性があることを指摘している。小山（2019）は，逓増定期保険・長期平準定期保険など，中小企業向けの生命保険など，個人向けの生命保険とは異なる，独特の生命保

険商品と，税務上の扱いなどについて説明している。

　つまり，大企業での保険需要の分析といえば，自ずと「損害保険需要」を分析することになるが，中小企業では，生命保険の購入も，様々なリスクに備える手段として機能している可能性がある。しかしながら，御簾納（2008），後藤（2008），根岸（2008），山元（2008），武藤（2010），小山（2019）など，実務的な観点から，中小企業と生命保険の関係を記述しているものは多いが，どのような中小企業が生命保険を購入する傾向があるのかなど，実証的な分析を行ったものは存在していないため，多くのことがわかっていない。

　そこで，本章では，中小企業と保険の中でも，特に「生命保険需要」という観点から，中小企業の特徴を明らかにしようと試みる。本章では，社長，経営者の方々が被保険者の，特定の生命保険（長期平準定期保険，逓増定期保険など）について，直近の会計年度に支払った生命保険料を資産で除したものを「生命保険需要」と定義して分析を進めることとする[5]。後述するように，本章では，特に，製造業の中小企業に焦点を当てている。中小企業の生命保険需要の実態は，数値データで明らかになっているものは限られていて，理論的な研究の蓄積も十分ではない。そこで，本章では，損害保険需要の実証分析の枠組みを用いて，中小企業の生命保険需要を明らかにしようと試みる[6]。

　また，中小企業の生命保険需要構造の分析は，研究上の空白を埋めるという意義以外にも，重要な意味を持つ可能性がある。『中小企業白書（2014年版）』によれば，中小企業は全企業のうち，企業数で99.7%，従業員数で69.7%，製造品出荷額等で49.1%を占めるなど，わが国の経済活動に占める中小企業の割合は相当高い。しかしながら，中小企業研究センター「中小企業の事業承継に関する調査研究〜永続的な成長企業であり続けるための事業承継〜」（調査研究報告　No.122　平成20年12月）によれば，中小企業では代表者の平均年齢が高くなっていることを指摘している。つまり，わが国の持続的な経済を考える上でも，中小企業の事業承継は重要な課題であり，そこで，生命保険は大きな役割を果たす可能性がある[7]。

　本章の構成は以下の通りである。次節では，本章で用いるデータについて紹

介し，本章の実証分析で用いる変数についての紹介をする。次に，中小企業の生命保険需要に関する実証分析の結果を紹介し，若干の考察を行う。最後に，本章で得られた結果について確認し，今後の研究の展望を示す。

2. 日本の中小企業の生命保険購入

2.1. 中小企業の生命保険購入状況

　本節では，中小企業による生命保険の購入状況と，それらを説明するための変数について議論をしていく。まず，はじめに，本章の実証分析には，第2章で紹介したアンケートである，2014年1月から2月にかけて実施された企業向けアンケート「企業の保険リスクマネジメントに関する実態調査」で得られたデータ（直近の会計年度に支払った生命保険料と財務情報）を用いる。このアンケートの対象企業は，製造業（TDB 業種コード：19〜39）の中小企業であり，対象規模は従業員数21人以上300人以下の「中規模の製造業」である。3,500社に対してアンケートを送付し，回答があった企業は909社（回答率26.0％）であった。以下では，この909社を母サンプルとして分析を進めていく。回答企業がすべての質問に回答していないことがあるため，総回答数は変動している。また，生命保険料について回答があったのは，909社のうち，737社であったため，生命保険料について回答のあった737社を主な分析対象としていく。

　第2章で見てきたように，アンケートでは，社長，経営者の方々が被保険者の特定の生命保険（長期平準定期保険，逓増定期保険，役員退職金）について，直近の会計年度に支払った生命保険料について尋ねていて，中小企業（製造業）における生命保険料の支払額の平均値は約881万円，中央値は300万円である。つまり，アンケートに回答できるような，平均的な中小企業（製造業）では，1年間に300万円程度の生命保険料を支払っていることが確認できる。

　本章では，中小企業における生命保険の購入状況を実証的に分析しようと試

みている。先行する保険需要の研究では，Yamori（1999）が，保険需要を損害保険料の支払額としているが，Hoyt and Khang（2000）をはじめとしたそれ以降の一連の研究は，損害保険料の支払い額を資産で除したものを「損害保険需要」としている。そこで，本章でも，近年の先行研究の展開に倣い，生命保険料を資産で除したものを「生命保険需要」と定義し，生命保険需要を決定する要因を明らかにしようと試みる[8]。

2.2. 保険需要を決定する要因

　以下では，企業間で「生命保険需要」が異なる状況を説明する要因について議論していく。上述の上場企業の損害保険需要の研究では，理論的な研究の展開を受けて，企業規模，レバレッジ，所有構造という3つの観点から説明しようとしているため，本章でも，同様の観点から，生命保険需要を説明しようと試みる。

　まず，企業規模については，本章でも「資産（対数）」を用いる。保険需要という観点からは，企業規模につれて，必要となる保険サービスも増加すると考えられる。一方で，規模の小さい企業ほど，生命保険を購入する余裕がなく，生命保険需要が割合として少なくなる可能性もある。つまり，生命保険需要と企業規模の関係については，プラスとマイナスのどちらの符号にもなる可能性があり，実証的に検証をする必要がある。

　次に，上場企業の損害保険需要に関する先行する研究では，破綻確率の代理変数として「レバレッジ」が用いられており，これが保険需要に対してプラスに有意に出ていることが多いが，マイナスに出ている研究も存在する。しかしながら，中小企業は，経営者の保証などを元に，負債での資金調達をしていることもあり，本章のように，中小企業を対象とした分析では，「レバレッジ」を信用リスクの指標とすることが適切ではない可能性もある。そこで，本章では，破綻確率としてより正確な情報である，帝国データバンクの「信用評点」を利用できるため，これも，破綻確率の変数として利用する。

　第3に，先行する研究は，所有構造についても注目していて，その多くは株

主の数や全体の株式に対する上位10位までの大株主の割合などの所有の集中度
に注目している。株主の数が少ない，もしくは所有が集中している企業では，
株主が保険需要を求める動機が強いと考えられており，本章の分析でも「株主
数」を用いる。また，上場企業の分析では外国人株主比率，中国などでは国が
株式を保有する比率などを説明変数としている。

　本章では，日本における製造業の中小企業に注目しているため，外国人株主
比率や国による株式保有は重要ではない一方で，所有と経営が分離していない
こと（アンケートで，「親会社を持たない独立系企業である」と回答した企業
では，所有と経営がほとんど分離していないと考えられる）は，生命保険需要
に大きく影響するものと考えられる[9]。つまり，「独立系企業」では所有と経営
が未分離であるため，親会社を持つ「グループ企業」に比べて，独立系企業は
より多くの保険を購入する傾向があるものと考えられる。そこで，親会社を持
たない独立系企業であると回答した企業は1，そうでない企業は0を取るダ
ミー変数（独立系ダミー）を利用する[10]。

2.3. 生命保険需要特有の要因

　以上では，損害保険需要の研究で用いられてきた説明変数について議論して
きた。本章では，中小企業の生命保険需要特有の要因について概観し，実証分
析を行う際に，以下の要因でサンプルを分類して，実証分析を行っていく。

　第1に，保険需要を企業金融の文脈で理解しようとする試みの中では，保険
を購入することで，大きく利益が出る，大きく損失が出るという業績の変動が
減少し，結果として法人税の支払いが減少し，企業価値が高まると説明される
ことがある。第2章では，損害保険については，110社（12.2％）が節税効果
を期待しているのに対して，生命保険については313社（35.6％）と，損害保険
の3倍程度の企業が，保険購入による節税効果を目的としていることを紹介し
ている。従来の上場企業の損害保険需要の研究では，Main（1983）の指摘す
る税金の影響を見つけることがほとんどできなかったが，Mainによる税金が
保険需要の主要な動機であるという主張は，特に，「中小企業」の，「生命保

険」需要で顕著であることを示唆している。

　第2に，損害保険需要にはない期待だが，中小企業が生命保険を購入する要因として，事業承継が考えられる。中小企業では，家族と経営が一体になっていることが多く，こうした企業で，オーナー社長が死亡するなどして事業を承継する場合，「経営者の交代」という「企業」としての問題と，そのために所有する株式などを経営者に円滑に引き継がせる「家族内での資産の承継」という「家族」の問題という，2つの問題に同時に直面することになる。

　杉山（2008），武藤（2010）によれば，中小企業では事業承継に際して，多額の相続税の支払いが必要になることがある。また，長男が株式を相続して事業を承継し，その他の兄弟が残りの資産を相続する場合，長男に対して遺留分を求めて，経営者の交代がスムーズにいかない可能性がある。さらに，山元（2008）によれば，強力なリーダーシップで経営を軌道に乗せた創業者の交代は，金融機関や取引先の信用不安を引き起こすし，運転資金の確保に困ることも出てくるかもしれない。場合によっては，金融機関から，借入金の早期返済を求められることもある。

　こうした問題に対して，生命保険が購入してあると，多くの問題が解決する可能性がある。まず，生命保険は一定金額の死亡保険金が非課税となる場合があり，相続税の問題を緩和してくれる可能性がある。また，武藤（2010）によれば，受取人指定の死亡保険金請求権は民法上の遺産に該当しないため，遺留分の問題も緩和する。中小企業の中には，創業者などの強力なリーダーシップで成長した企業もあるが，生命保険金の支払いは，金融機関や取引先の信用不安も解消し，資金調達の問題も緩和してくれる。つまり，生命保険は，キーマン保険として，経営者の死亡によって，中小企業の経営が行き詰まることがないようにしてくれる可能性がある。

　第3に，上場企業では，役員退職慰労金の廃止が取り上げられることがあるが，中小企業においては役員が退職する際に役員退職金が支払われることが多い。トムソンネット（2014）は，退職に係る所得税制が給与税制と比較して非常に有利になっていることを利用して，中小企業の経営者に生命保険セールス

が行われていることを紹介している。第 2 章で見てきたように，アンケートへの回答企業のうち552社（62.7%）が，「経営者の退職金など資産形成」することを目的として生命保険を購入している。

2.4.　中小企業金融とリレーションシップバンキング

　中小企業金融においては，株式の発行や社債による資金調達が制限されるため，銀行との関係が，資金制約と直結する可能性が高い。実際に，国内外の多くの研究が，銀行と企業の関係が，企業の資金調達に影響を及ぼすことを確認している。また，第 3 章の分析でも，中小企業において，銀行との関係と損害保険需要の間に，一定の関係があることを示唆する結果が得られている。そこで，本章でも，銀行との関係と，生命保険需要の間に，一定の関連があると考えて，分析を行っていく。つまり，銀行との関係が密接ではない企業ほど，資金を調達できないため，生命保険を需要することで備えているものと予測している。すなわち，生命保険需要が，中小企業金融において，銀行とのリレーションシップの代替的関係となっている可能性があろう。

3.　分析の結果

3.1.　記述統計，生命保険需要と企業規模・信用リスク・所有構造

　本章の実証分析で用いる変数の記述統計を示したのが図表 4 - 1 である。アンケートに対して回答があった企業は909社（回答率26.0%）であったが，生命保険料について回答した企業は737社であり，分析に用いることができるサンプルは最大で737社である。このうち，独立系か否かという質問に 1 社が回答していないので，サンプル数は736社となる。それぞれの変数について，サンプル数，平均，中央値，標準偏差，最大値，最小値を示している[11]。また，それぞれの変数の定義は，図表 4 - 1 （たとえば，「生命保険需要」は，役員に関して支払われた生命保険料を資産額で除したもの，「レバレッジ」は負債

図表4－1 生命保険需要の記述統計

	定義	サンプル数	平均	中央値	標準偏差	最大値	最小値
被説明変数							
生命保険需要	（役員の）生命保険料／資産	737	8.802	2.051	36.477	762.580	0.000
説明変数							
企業規模	資産（対数）	737	6.144	6.142	0.398	7.270	4.834
信用評点	帝国データバンクの評点	737	54.069	54.000	6.527	72.000	29.000
レバレッジ	負債合計／資本金	737	35.283	23.513	42.785	608.822	0.410
独立系	独立系企業と回答したら1，そうでなければ0	736	0.417	0.000	0.494	1.000	0.000
株主数	株主の数	737	14.035	6.000	29.876	506.000	0.000
銀行	取引銀行の数	736	4.962	5.000	2.185	10.000	1.000
節税効果	生命保険の購入の目的を節税効果を期待と回答したら1，そうでなければ0	737	0.362	0.000	0.481	1.000	0.000
退職金準備	生命保険の購入の目的を退職金の準備のためと回答したら1，そうでなければ0	737	0.646	1.000	0.478	1.000	0.000
事業承継	生命保険の購入の目的を経営者の死亡時に経営への影響を小さくするためと回答したら1，そうでなければ0	737	0.678	1.000	0.467	1.000	0.000

額を資本金で除したもの）の中に示されている。

　第2節で確認してきたように，先行する研究では，損害保険需要が，規模，破綻確率，そして所有構造で説明されていることでコンセンサスが得られつつある。そこで，本章でも，規模，破綻確率，所有構造と，生命保険需要との関係を確認しようと試みている[12]。回帰式は以下のように表現される[13]。

$$（生命保険需要）= \alpha + \beta_1（企業規模）+ \beta_2（信用リスク）+ \beta_3（所有構造）+ e$$

　本章では，先行する研究と同様に，企業規模に簿価の資産額に対数を取ったものを用いている。また，先行する研究では，破綻確率としてレバレッジをとったものが多いが，中小企業を対象とした本章では，「レバレッジ」の他に，破綻確率をより正確に表すと考えられる「信用評点」の2つを用いて分析を進める[14]。所有構造については，上場企業では，株主の数や上位10位への株式の集中度合いなどが用いられることが多いが，中小企業では独立系企業とグループに属する企業とに分けることができる。そこで，本章では，所有構造について，「株主数」と独立系企業か否か（「独立系」）という2つの変数を用いている。

　図表4－2の回帰式1から回帰式4は，損害保険需要に関する先行する研究で一貫して用いられている説明変数である規模，破綻確率，所有構造と，生命保険需要との関係を見ようとしている。回帰式が4つになる理由は，破綻確率と所有構造について，複数の説明変数を用いているためである。

　回帰式1は，「資産（対数）」，「レバレッジ」，「株主数」を説明変数として，生命保険需要を説明しようと試みていて，「資産（対数）」はマイナスに有意である。つまり，資産が増えるほどには，保険でカバーされる割合は増えないということが確認できる。こうした結果は，Yamori（1999），Hoyt and Khang（2000）や Zou and Adams（2006）の結果とも整合的である。Froot, Scharfstein and Stein（1993）は，規模の小さい企業ほど，外部資金調達コストが割高になると指摘している[15]。つまり，規模の小さい企業ほど，生命保険を購入しておく傾向があると考えられる。

　一方で，本章では，「レバレッジ」，「株主数」ともに，係数は有意ではない。そこで，回帰式2では，企業規模と所有構造はそのままに，破綻確率を表す変数として「レバレッジ」の代わりに，「信用評点」を用いている。回帰式2からは，回帰式1と同様に，企業規模と生命保険需要の間にはマイナスの有意な関係があること，新たに用いた「信用評点」と生命保険需要の間にはプラスの有意な関係があることが確認できる。

第3章でも，破綻確率と保険需要の関係について，「破綻する確率が高い企業ほど保険を需要する可能性」と，「破綻する確率が低い企業ほど保険を需要する可能性」があることを確認していた。本章の分析の結果は，第3章の損害保険需要の結果と同様に，破綻確率が低い企業ほど，生命保険を需要する傾向があることを示している。また，回帰式2でも，生命保険需要と株主数の間に有意な関係は見つけることができない。

図表4－2 中小企業の生命保険需要と企業規模，破綻確率，所有構造

変数	回帰式1			回帰式2		
	係数	標準偏差	t値	係数	標準偏差	t値
定数項	108.189	20.869	5.184 ***	75.011	22.288	3.366 ***
資産（対数）	−16.293	3.425	−4.758 ***	−17.159	3.314	−5.178 ***
信用評点				0.721	0.203	3.550 ***
レバレッジ	0.007	0.032	0.234			
独立系						
株主数	0.033	0.044	0.738	0.018	0.044	0.415
サンプル数	737			737		
R − squared	0.032			0.048		
変数	回帰式3			回帰式4		
	係数	標準偏差	t値	係数	標準偏差	t値
定数項	108.664	20.861	5.209 ***	74.951	22.279	3.364 ***
資産（対数）	−16.679	3.430	−4.863 ***	−17.539	3.316	−5.289 ***
信用評点				0.726	0.202	3.599 ***
レバレッジ	0.007	0.032	0.215			
独立系	5.685	2.687	2.116 **	5.637	2.664	2.116 **
株主数						
サンプル数	736			736		
R − squared	0.037			0.054		

***，**，* はそれぞれ1%，5%，10%水準で有意であることを示している。

　回帰式 3 では，「資産（対数）」，「レバレッジ」，「独立系」を説明変数としているが，「資産（対数）」はマイナスに有意，「独立系」はプラスに有意，「レバレッジ」には有意な関係は見られなかった。独立系企業ほど，生命保険を需要する傾向があるという結果は，独立系企業では，所有と経営の分離が進んでいないため，そうした企業ほど，生命保険を需要する傾向があるというのは説得的であろう。

　回帰式 4 は，「資産（対数）」，「信用評点」，「独立系」を説明変数としているが，「資産（対数）」はマイナスに有意，「信用評点」はプラスに有意，「独立系」はプラスに有意という結果が得られている[16]。図表 4 - 2 では，様々な説明変数の組み合わせによる回帰分析の結果を示しているが，そうした組み合わせにかかわらず，「資産（対数）」，「信用評点」，「独立系」といった説明変数と，生命保険需要の間に有意な関係があることを確認できる。

3.2.　銀行との関係と生命保険需要

　大企業の保険需要の研究では，注目されてこなかったが，中小企業における生命保険需要を分析する際に重要だと考えられるのが，「銀行との関係」である。中小企業では，株式の発行による資金調達や社債による資金調達の機会が限られるため，銀行との関係（リレーションシップバンキング）が重要であると指摘されている。つまり，銀行との関係が密接ではなく，資金の借り入れがスムーズにできない中小企業では，生命保険需要を増やす可能性がある。そこで，図表 4 - 2 で，一貫して有意な関係が確認できた，「資産（対数）」，「信用評点」，「独立系」の，3 つの説明変数を用いた上で，「中小企業の生命保険需要と銀行の関係」を明らかにしようと試みている。先行する研究では，銀行との関係を表す指標として，「取引銀行数」が使われることが多い[17]。

　そこで，図表 4 - 2 の分析をもとに，回帰式は下記のように表現される。

$$（生命保険需要）＝ \alpha + \beta_1（企業規模）+ \beta_2（信用リスク）$$
$$+ \beta_3（所有構造）+ \beta_4（銀行との関係）+ e$$

　中小企業全体を対象に，銀行との関係に注目しながら，生命保険需要の分析を行った図表4－3の結果からは，銀行との関係が密接ではないと，生命保険需要が増加するという関係は有意には確認できない。一方で，「資産」，「信用評点」，「独立系」が有意であることに変化はない。図表4－4は，図表4－3の回帰式の各変数間の相関係数を示しているが，多重共線性の問題が深刻ではないものと判断できる[18]。

　上述の生命保険を購入した目的（節税目的，相続，退職金）に応じて分類し，銀行との関係が，生命保険需要に与える影響について分析を行ったのが図表4－5から図表4－7である。具体的には，「節税効果を期待」と「相続効果を

図表4－3 中小企業の生命保険需要とリレーションシップバンキング

変数	係数	標準偏差	t値
定数項	71.348	22.388	3.187 ***
資産（対数）	−17.896	3.322	−5.388 ***
信用評点	0.754	0.202	3.726 ***
独立系	4.920	2.704	1.819 *
銀行	0.923	0.614	1.504
サンプル数	736		
R-squared	0.071		
誤差項	35.572		

***，**，* はそれぞれ1％，5％，10％水準で有意であることを示している。

図表4－4 相関係数行列

	資産	信用評点	独立系	銀行
資産	−			
信用評点	−0.062	−		
独立系	−0.253	−0.012	−	
銀行	−0.146	0.011	−0.292	−

期待」、そして「退職金対策を期待」と回答したか否かという観点で中小企業を分類して、回帰分析を行っている。

　まず、「節税効果」を期待しているかどうかで分類した結果について見ていこう。図表4－5の結果は、「節税効果を期待している企業」では、銀行との関係と生命保険需要との間に有意な関係は確認できないことを示している。一方で、「節税効果を期待していない企業」では、銀行との関係と生命保険需要との間に正の有意な関係は確認できる。つまり、節税効果を期待していない企業においては、銀行と密接な関係が構築できていないと考えられる企業ほど、生命保険を購入する傾向があることが確認できる。

　同様にして、図表4－6は、「相続対策」を期待しているかどうかで分類しているが、「相続対策を期待している企業」では、銀行との関係と生命保険需要との間に有意な関係は確認できないことを示している。一方で、「相続対策を期待していない企業では、銀行との関係と生命保険需要との間に正の有意な関係は確認できる。つまり、相続対策を期待していない企業においては、銀行と密接な関係が構築できていないと考えられる企業ほど、生命保険を購入する

図表4－5　中小企業の生命保険需要とリレーションシップバンキング（節税効果）

変数	節税効果を期待			節税効果を期待せず		
	係数	標準偏差	t値	係数	標準偏差	t値
定数項	153.936	59.747	2.576 ***	42.526	11.184	3.802 ***
資産（対数）	−34.675	8.722	−3.976 ***	−9.559	1.644	−5.816 ***
信用評点	1.186	0.600	1.977 **	0.309	0.100	3.098 ***
独立系	11.072	6.840	1.619	−0.016	1.372	−0.012
銀行	0.886	1.648	0.538	0.859	0.302	2.846 ***
サンプル数	266			470		
誤差項	55.030			14.210		
R-squared	0.074			0.090		

***，**，*　はそれぞれ1％，5％，10％水準で有意であることを示している。

112

図表4－6 中小企業の生命保険需要とリレーションシップバンキング（相続対策）

変数	相続対策を期待			相続対策を期待せず		
	係数	標準偏差	t値	係数	標準偏差	t値
定数項	94.615	31.903	2.966 ***	35.268	17.381	2.029 **
資産（対数）	−23.352	4.844	−4.820 ***	−9.230	2.466	−3.744 ***
信用評点	0.971	0.289	3.358 ***	0.417	0.156	2.671 ***
独立系	5.395	3.799	1.420	2.021	2.261	0.894
銀行	0.883	0.895	0.986	0.783	0.456	1.719 *
サンプル数	500			236		
誤差項	41.638			15.619		
R-squared	0.062			0.094		

***，**，* はそれぞれ1％，5％，10％水準で有意であることを示している。

図表4－7 中小企業の生命保険需要とリレーションシップバンキング（退職金対策）

変数	退職金対策を期待			退職金対策を期待せず		
	係数	標準偏差	t値	係数	標準偏差	t値
定数項	107.321	34.892	3.076 ***	32.063	12.959	2.474 **
資産（対数）	−24.737	5.168	−4.787 ***	−8.894	1.920	−4.631 ***
信用評点	0.938	0.313	2.997 ***	0.422	0.118	3.573 ***
独立系	3.769	3.980	0.947	4.049	1.772	2.285 **
銀行	0.725	0.943	0.769	0.586	0.366	1.600
サンプル数	475			261		
誤差項	42.978			12.784		
R-squared	0.061			0.129		

***，**，* はそれぞれ1％，5％，10％水準で有意であることを示している。

傾向があることが確認できる。「退職金対策」を期待しているかどうかについ
ては，図表4－7の通り「退職金対策を期待している企業」，「期待していない
企業」ともに，銀行との関係と生命保険需要との間に有意な関係は確認できな

い。以上の結果は，特定の企業群において，銀行との関係と生命保険需要の間
に，一定の関係があることを示している。今後，リレーションシップバンキン
グと生命保険需要の研究の展開を考える上で意義があるだろう。

4.　むすび

　本章では，既存の金融や保険の理論に基づき，わが国の中小企業（製造業）
のデータを用いて，生命保険需要の決定要因を明らかにしようと試みてきた。
本章の分析結果から明らかになったことは以下の通りである。

　第 1 に，企業規模が大きいほど，生命保険需要が少なくなっていく傾向があ
ることがわかった。第 2 に，破綻リスクが低い（信用評点が高い）企業ほど，
生命保険需要が大きい傾向があることが明らかになった。第 3 に，独立系企業
ほど，生命保険を需要する傾向があることが確認できた。また，一部の中小企
業については，銀行との関係が密接ではない企業ほど，生命保険需要が大きい
傾向があることを確認した。

　最後に，本章の課題や限界について述べておく。中小企業の生命保険需要の
分析を行ってきたが，いくつかの限界もある。まず，生命保険は損害保険と異
なり，期間が長く，対象とするリスクも異なっている。そこで，こうした違い
を考慮して，中小企業の生命保険需要を説明する理論モデルの構築が必要とな
るであろう。

　本章は中小企業における生命保険需要の実態を明らかにしようと試みた最初
の研究の 1 つであるが，別のデータや分析手法を用いた実証研究の蓄積も必要
となるであろう。特に，高齢化が進むわが国においては，中小企業の事業承継
は最も注目される課題の 1 つであり，スムーズな事業承継のために活用される
生命保険の研究が必要であろう。また，本章の結果は，中程度の規模の，製造
業の企業に限定されたものであり，今後は，小規模の企業や他業種のデータに
基づいた研究，理論的研究を積み重ねていく必要があるだろう。

114

■注 ─────────────────────

1　詳しくは，Doherty（2000），柳瀬（2014），柳瀬・石坂・山﨑（2018）を参考にされたい。

2　リスク（ロス）ファイナンスのコストについては，資金調達コストの減少と付加保険料を比較することになる。

3　他にも，Han and MacMinn（2006）は，ストックオプションを経営者が購入していると保険需要が増えること，Hau（2006）は，流動性が保険需要と関係していることを理論的に示している。

4　Hoyt and Khang（2000）は，節税効果が大きい企業，破綻確率が高いと考えられる企業ほど，損害保険を購入することなど，理論研究の予測と整合的な結果を発見している。

5　長期平準定期保険，逓増定期保険など特定の生命保険を対象とするのは，これらの生命保険が，節税効果があるとして販売されることが多いからである。詳しくは，GTAC（2014）を参照されたい。

6　生命保険料は，当該年度の一時払いなどのデータを含むため，主に1年が契約期間である損害保険需要の分析と比べて異なることが多い点にも注意が必要である。

7　実際に，非上場株式等についての相続税・贈与税の納税猶予の特例など，いくつかの政策的な対応が行われている。

8　損害保険と生命保険は，大きく異なる点が多いことには注意が必要である。損害保険の契約期間は1年だが，生命保険は，一時払いという支払い，契約期間が長期に及ぶなどの違いがあり，単純な比較は難しい。

9　青木（2010）など，オーナー企業の保険活用を勧めるものもある。

10　後述する図表4-2，図表4-3では，独立系ダミーは「独立系」と表記されている。

11　生命保険需要の最大値が762.580など，異常値と思われるデータを取り除いて以下の分析も行ったが，有意性などの有無などは変化しなかった。

12　生命保険需要に関する先行する理論研究，実証研究がほとんど存在しないため，損害保険需要の分析を利用している。

13　本章では，最小二乗法を用いている。

14　レバレッジは，負債合計を資本金で割ったものを用いているため，負の値は出ていない。

15　規模については，様々な仮説を含んでしまっている可能性があるため，その解釈には注意が必要であろう。

16　回帰式3と回帰式4の独立系企業は5％水準で有意であり，その他で有意なも

のはすべて1％水準で有意である。

17　取引銀行数が多いということは，銀行との関係が確立できていないものと考え
　　られている。リレーションシップバンキングの研究の展開については，清水・家
　　森（2009），佐藤・浅井（2013）などを参照されたい。

18　本章における他の回帰式についても，各説明変数間の相関を見ているが，図表
　　4－4の結果と同様の結果であった。VIF（Variance Inflation Factors）分析から
　　も，多重共線性の問題は深刻ではない。

第5章　生命保険解約の実証分析

1. はじめに

　第3章では，中小企業の損害保険需要の実証分析，第4章では，生命保険需要の実証分析を進めてきた。本章では，中小企業金融の資金制約の緩和における，生命保険の解約の役割を明らかにしようと試みる。

　中小企業は，株式の発行，社債の発行が難しいなど，上場企業に比べて，資金調達の手段が限られるため，資金制約に直面していると指摘されることが多い。そこで，中小企業の金融は，「中小企業金融」として，上場企業・大企業の企業金融，コーポレートファイナンスとは，異なった観点から議論が行われることがある。中小企業にとっては，銀行が主な資金調達先であり，特に銀行の役割が重要であると強調される。第1章で概観してきたように，中小企業と銀行の関係に注目したリレーションシップバンキングについては，数多くの研究が行われており，銀行と企業の関係が密接であると，資金制約が緩和されると指摘されている。

　先行する多くの研究は，中小企業金融における銀行の役割に注目していて，多くのことが明らかになりつつある。しかしながら，第2章で見てきたように，中小企業は，1年間に300万円程度の生命保険料（中央値），250万円程度（中央値）の損害保険料を支払っているにもかかわらず，中小企業金融における保険の役割に注目した研究は十分に行われていない。また，回答企業の当期純利益は1,600万円程度（中央値）と，中小企業に占める保険料の負担は，決して

小さいものではない。

　そこで，本章では，中小企業金融において，生命保険がどのような位置づけ
なのかを明らかにしようと試みる。その中でも，特に，中小企業において，赤
字を理由にして生命保険を解約する企業にはどのような特徴があるのか，その
他の理由で生命保険を解約する企業にはどのような特徴があるのかを実証的に
明らかにしようと試みる。

　家計の生命保険については，生命保険の失効，生命保険の契約者貸付，生命
保険の解約についての研究が進みつつあるが，企業による生命保険の解約につ
いては，実証的な研究がほとんど行われておらず，多くのことがわかっていな
い。そこで，本章では，中小企業による生命保険の解約は，中小企業金融の枠
組みの中で，どのように利用されているのかを明らかにしようと試みる。

　本章で得られた主な結果を簡単に紹介しておこう。まず，銀行との関係が強
固ではないため資金調達が難しいと考えられる中小企業が，生命保険を解約す
る傾向があることが明らかになった。また，利益の変動が大きい企業ほど，生
命保険を解約する傾向があることも明らかになった。さらに，現金保有比率が
低い中小企業では，赤字が理由で生命保険を解約する傾向があることが確認で
きた。

　本章の構成は以下の通りである。次節では，先行する研究の展開を紹介し，
研究の展開の中での本章の位置づけを明らかにする。第3節では，本章で用い
るデータについて紹介し，分析に用いる変数を紹介する。第4節では，中小企
業における生命保険の解約に関する実証分析の結果を紹介し，分析の結果につ
いて若干の考察を行う。最後に，本章で得られた結果について確認し，今後の
研究の展望を示す。

2. リスクマネジメントと中小企業金融に関する先行研究

　近年，家計の生命保険については，生命保険の失効，解約，契約者貸付の利

用などの研究が進展している。家計の分析においては，「金利仮説」や「危機金融仮説」の検証を進めている。Eling and Kiesenbauer（2014）は，ドイツの保険会社から得たデータを用いて，個人の生命保険の失効に関する実証分析を行っている。その結果，契約をした年齢，金融危機の発生，購入チャネルが，失効率と重要な関係があることを示している。Liebenberg, Carson and Hoyt（2010）は，個人における生命保険の契約者貸付の実証分析を行い，マクロ経済の要因，家計の収入や支出へのショック，保険料の支払いの遅れなどが，契約者貸付の利用と有意に関係があることを発見している。また，Russell, Fier, Carson and Dumm（2013）は，配偶者が失業すると，生命保険を解約する傾向があることを示している。また，マクロ経済要因が，家計における生命保険の解約と関係があることも発見している。

　第 4 章の分析では，中小企業も，節税効果を期待したり，事業承継を目的とする企業ほど生命保険を購入する傾向があることを発見している。本郷（2008）は，中小企業では，資金繰りのために生命保険が解約されることがあること，すなわち，中小企業が赤字になりそうになると，生命保険を解約して，銀行の融資審査や格付けのために，赤字にならないようにすることがあることを紹介している。また，根岸（2008）は，役員退職金の支払いのために準備されていた生命保険が解約されることを紹介している。つまり，中小企業金融においても，生命保険の解約が経営危機の際の資金調達の手段の 1 つとして機能している可能性があるが，データの制約もあり，実証的な分析は進んでいない。

　中小企業の生命保険の解約を説明する上で，重要な要因は，資金制約であろう。資金調達の手段が限られる中小企業は，銀行から主に資金を調達するため，銀行との関係の密接さ，すなわち，リレーションシップバンキングが極めて重要であるという指摘がなされている。第 1 章で見てきたように，銀行と企業の関係の強さは，支店との，「取引行数」，「距離」などによって表される。銀行と密接な関係を構築できていない中小企業は，資金制約に直面することが多くなるものと考えられる。つまり，銀行と密接な関係を構築できていない中小企業では，生命保険を解約する必要が多くなる可能性が高い。

120

　また，近年の企業金融分野の研究では，企業による現金保有が注目されていて，生命保険の解約に影響を与えているかもしれない。Bates, Kahle and Stulz（2009）は，1980年から2006年にかけて，米国企業の現金保有量が2倍になっていることを指摘している。Gao, Harford and Li (2013) は，米国の上場企業と未上場の中小企業のデータ（1995年から2011年）を用いて，中小企業は資金調達上の制約も多いため，規模の割には多くの現金を保有する傾向があり，予備的動機として現金を保有していると解釈している。つまり，本章の関心に照らし合わせると，現金を保有していない企業ほど，生命保険を解約する必要が高くなるものと予測できる。

　また，Doherty（2000）など，企業金融とリスクマネジメント分野の教科書の中では，収益が変動するような企業は，収益が平均化するようにリスクマネジメントを実施し，納税額を少なくすることができた結果，企業価値が高まる可能性があることを指摘している。つまり，収益が大きく変動するような中小企業ほど，生命保険を解約することで収益の変動を小さくしようとする可能性があるが，実証的な検証を行っている研究はほとんど存在していない。そこで，本章は，実証的な結果を示すことによって，中小企業金融や企業の保険リスクマネジメント分野の研究における生命保険の解約の位置づけや役割を明らかにしようと試みる。

　他に，中小企業の生命保険解約と関係があると考えられる説明変数としては，第3章，第4章では，「信用リスク」，「節税効果」，「所有構造」，「企業規模」などがあるだろう。「信用リスク」については，信用リスクが高い企業ほど，生命保険を購入する余裕がないので，生命保険を解約する可能性と，信用リスクが低い企業ほど，生命保険を解約することで，破綻を避けようとする可能性が存在する。

　また，生命保険購入による「節税効果」も，生命保険の解約と，正の関係があるかもしれない。つまり，毎年利益の中から役員退職金の支払いをしておけば，法人税の支払いを少なくできる可能性がある。また，役員の退職時に多額の資金を調達しなければならない，一時的に大きな損失が発生するという事態

を避けることができる。つまり，生命保険の解約は，経営の安定化に寄与する
かもしれない。

　「所有構造」に関しては，オーナー企業であれば，生命保険を解約する動機
を有していると考えられる。「企業規模」についても，生命保険の解約と関係
している可能性がある。以上の「信用リスク」，「節税効果」，「所有構造」，「企
業規模」などは，企業と保険リスクマネジメントを実証的に分析する際に一般
的な変数であり，中小企業の生命保険の解約行動を考える上でも重要であろう
と考えられる。

3.　中小企業の生命保険

3.1.　中小企業の生命保険購入状況

　本節では，中小企業による生命保険の購入状況や解約状況を概観し，特に解
約を説明するために本章の分析で実際に用いる変数について議論をしていく。
はじめに，本章の分析には，第2章で紹介し，第3章や第4章の分析でも用い
た，「企業の保険リスクマネジメントに関する実態調査」で得られたデータを
用いる。このアンケートの対象企業は，製造業（TDB 業種コード：19〜39）
の中小企業であり，対象規模は従業員数21人以上300人以下の「中規模の製造
業」である。3,500社に対してアンケートを送付し，回答があった企業は909社
（回答率26.0％）であった。このうち，直近の決算期に支払った生命保険料，
および生命保険の解約について回答したのは，737社であった。そこで，この
737社を母サンプルとして分析を進めていく。回答企業がすべての質問に回答
していないことがあるため，総回答数は変動している。

　第2章で紹介したように，アンケートでは，社長，経営者の方々が被保険者
である特定の生命保険（長期平準定期保険，逓増定期保険，役員退職金）につ
いて，直近の会計年度に支払った生命保険料について尋ねていて，中小企業
（製造業）における生命保険料の支払額の平均値は約881万円，中央値は300万

円であると紹介している。つまり，平均的な中小企業（製造業）は，1年間に
300万円程度の生命保険料を支払っているケースが多いことがわかる[1]。

3.2. データ

アンケートでは，「過去5年間（2009年度から2013年度）での，<u>貴社の保険
の解約</u>について，該当する番号を一つ選び（複数回答可），○で囲んで下さい」
（1．保険を解約したことはない　2．赤字が原因で，生命保険を解約した　3．
赤字が原因で，損害保険を解約した　4．その他の理由で，生命保険を解約し
た　5．その他の理由で，損害保険を解約した　6．その他（　　　　）7．
わからない）と，2009年度から2013年度での生命保険の解約の有無とその理由
について尋ねている。そこで，本章では，生命保険の解約の有無とその理由が
被説明変数となる。つまり，「過去に（2009年度から2013年度の5年間）赤字
で生命保険を解約したことがあれば1，そうでなければ0」を取る変数を準備
する。同様にして，「その他の理由で生命保険を解約したことがあれば1，そ
うでなければ0」を取る被説明変数を準備する。

中小企業における生命保険の解約を説明するものとして，本章が独自に採用
する変数について見ていこう。まず，第1に，中小企業の資金制約の程度に関
する変数である。資金調達の手段が限られる中小企業は，銀行から主に資金を
調達するため，リレーションシップバンキングが重要であるという指摘がある。
第1章で見てきたように，リレーションシップバンキング分野の研究では，
「取引行数」，「距離」が，中小企業と銀行との関係を表しているものと考えら
れている。つまり，銀行との関係が弱い中小企業ほど，生命保険解約によって
資金調達をする可能性が高くなるものと考えられる。

第2に，企業の現金保有も，重要な変数かもしれない。中小企業は，資金調
達上の制約も多い。一方で，上場企業ほど，配当へのプレッシャーも強くはな
いため，予備的動機で，現金を保有しているものと考えられる。つまり，現金
を保有している比率が高い企業ほど，生命保険を解約する必要が少なくなるも
のと予測できる。本章では，「現金・預金」を「資産」で除したものを「現金

比率」と定義して，分析に用いる。

　第 3 に，利益の変動が大きい企業ほど，生命保険の解約を利用し，利益を平準化させようと試みると予想する。第 2 章で紹介したアンケートは，2014年 1 月から 2 月にかけて実施されている。そこで，2013年，2012年，2011年に決算を迎えた企業の利益の変動，具体的には，「前々期業績税引後利益」，「前期業績税引後利益」，「当期業績税引後利益」の標準偏差に対数を取ったものを「利益変動」と定義し，分析に用いる[2]。つまり，利益変動が大きい企業ほど，生命保険を解約する傾向があるものと予想する。

　他に，中小企業が生命保険を解約するのに，適切な変数としては，企業の保険リスクマネジメントを実証的に分析する際の一般的な説明変数，つまり，「企業規模」，「期待倒産コスト」，「節税効果」，「所有構造」であろう[3]。

　まず，「企業規模」については，資産に対数をとったものを用いる[4]。期待倒産コストの代理変数には，上場企業の分析ではレバレッジを用いることが多い。本章では，期待倒産コストの変数として，帝国データバンクの「信用評点」を入手できているため，より正確に期待倒産コストを説明変数とできる。

　また，生命保険の購入の目的については，アンケートで，「節税目的」と回答した企業はダミー変数（節税効果ダミー）を利用する。節税目的で生命保険を購入していると回答していれば 1 ，そうでなければ 0 を取る。「所有構造」については，帝国データバンクの財務データから，「筆頭株主＝社長，もしくは会長」である企業を，所有構造が集中している企業（生命保険を解約する動機を有している企業）と定義し，ダミー変数（所有者ダミー）を利用する。つまり，筆頭株主が社長もしくは会長であれば 1 ，そうでなければ 0 を取る変数を準備する。

　本章の分析に用いるデータの記述統計は図表 5 － 1 の通りである。生命保険の解約（合計）からわかるように，（2009年度から2013年度の 5 年間に）35.3％の企業が生命保険を解約していることが確認できる。つまり，従業員21人以上300人以下の中小企業（製造業）のうち，およそ 3 社に 1 社が生命保険を解約していることが確認できる。赤字が原因で生命保険を解約した企業は10.1％，

124

その他の理由で生命保険を解約した企業（その多くが退職金支払いのための解約であると考えられる）は25.6％に上ることが確認できる[5]。

4. 分析結果

　本章の分析では，プロビット回帰分析を用いる。つまり，被説明変数は，赤字が原因で生命保険を解約した場合には1，そうではない場合は0を取る。同様にして，その他（退職金など）の理由で生命保険を解約した場合には1，そうではない場合は0を取るという被説明変数とする。
　図表5－3の分析では，中小企業が生命保険を解約する要因を明らかにしようと試みている。図表5－3の結果からは，次のようなことが確認できる。まず，生命保険の解約（全体）の要因として重要なのは銀行との関係である。す

図表5－1 記述統計（被説明変数）

被説明変数	定義	サンプル数	平均	中央値	標準偏差	最大値	最小値
赤字による解約	赤字が理由で，生命保険を解約したことがあると回答すれば1，そうでなければ0（2009年度から2013年度）	737	0.110	0.000	0.313	1.000	0.000
退職金などによる解約	赤字以外の理由で，生命保険を解約したことがあると回答すれば1，そうでなければ0（2009年度から2013年度）	737	0.256	0.000	0.437	1.000	0.000
生命保険の解約（合計）	上記の理由を合計したもの。生命保険を解約したことがあると回答すれば1，そうでなければ0（2009年度から2013年度）	737	0.353	0.000	0.478	1.000	0.000

図表 5 − 2　記述統計（説明変数）

説明変数	定義	サンプル数	平均	中央値	標準偏差	最大値	最小値
企業規模	資産（対数）	737	6.144	6.142	0.398	7.270	4.834
信用評点	帝国データバンクの評点	737	54.069	54.000	6.527	72.000	29.000
所有者	筆頭株主が，社長もしくは会長であれば1，そうでなければ0	736	0.417	0.000	0.493	1.000	0.000
節税効果	生命保険の購入の目的を節税効果期待と回答したら1，そうでなければ0	737	0.362	0.000	0.481	1.000	0.000
取引銀行数	企業が取引をしている銀行数	736	4.962	5.000	2.185	10.000	1.000
利益変動	2011年，2012年，2013年の利益の標準偏差（対数）	737	4.313	4.362	0.590	6.372	2.293
現金比率	現金・預金／資産	737	0.165	0.136	0.126	0.698	0.000

なわち，銀行との関係が強固ではないほど，中小企業が生命保険を解約する確率が高まることを示している[6]。つまり，銀行から資金調達がしにくい企業が，生命保険を解約することで，資金制約の問題を緩和しようとしていることが推測できる。また，生命保険を購入する際の動機が，節税目的である中小企業が，生命保険を解約する傾向があることも確認できる。つまり，日頃から役員退職金を積み立てている企業が，役員退職金の支払いのために生命保険を解約しているものと解釈できる。

　さらに，利益の変動が大きい企業ほど，生命保険を解約する傾向があることも確認できる。つまり，Doherty（2000）の理論的な説明や藤井（2010）の実務的な指摘の通り，利益を平準化するために，生命保険が解約されているものと解釈できる[7]。

　所有構造が集中している企業（筆頭株主＝社長もしくは会長である企業）も，

生命保険を解約する傾向があることがわかる。すなわち，社長もしくは会長が
筆頭株主であるような中小企業においては，より生命保険が解約される傾向が
ある。一方で，企業規模については，生命保険の解約と有意な関係は確認でき
ないことが明らかになった。上記の回帰分析の結果からは，銀行との関係が強
固ではないため資金調達が難しく，オーナー企業である中小企業が，節税を目
的とし，利益の変動に対応しようとしながら，企業経営の中で生命保険の解約
を利用しようとしている姿が浮かび上がってくる。

　また，図表5－3では，生命保険を解約した理由が，赤字である中小企業と，
その他の理由（退職金の支払いなど）である企業を別々に分析し，中小企業が
生命保険を解約する要因を明らかにしようと試みている[8]。注目すべきは，赤
字が原因で生命保険を解約する場合と，その他の理由（退職金の支払いなど）
が原因で生命保険を解約する場合，それらの選択を説明する要因が異なってい
る点である。

　まず，図表5－3の結果（赤字での解約）は，中小企業で赤字が理由で生命
保険を解約する場合，信用評点が低い企業，利益変動が大きい企業，銀行との
関係が強固ではない企業，そして，現金比率が低い企業が，生命保険をより解
約する傾向があることを示している。すなわち，信用リスクが高く，業績の変
動が大きく，銀行との関係が強固ではなく，手元に現金のない企業が，生命保
険を解約して赤字に対応しようとする傾向があることが明らかになってくる。

　一方で，「その他の理由（退職金など）での解約」は，「赤字での解約」の結
果と大きく異なっている。赤字での解約では，節税効果を期待して購入してい
る企業ほど，生命保険を解約するという傾向を確認することはできなかった一
方で，「その他の理由」の解約では，節税効果を期待して購入している中小企
業ほど，生命保険を解約する傾向があることを確認できる。そして，理由別の
分析（赤字での解約，その他の理由）でも一貫して，銀行との関係が弱い企業
ほど，生命保険を解約する傾向が確認できる。つまり，中小企業金融において
は，銀行の役割が非常に重要であることが改めて確認できる。

　上記の分析結果からは，信用リスクが高く，銀行との関係が希薄であったり，

第 5 章　生命保険解約の実証分析　　127

図表 5 － 3　中小企業の生命保険の解約を決定する要因

変数	生命保険の解約（全体）			赤字での解約			その他の理由		
	係数	標準偏差	t値	係数	標準偏差	t値	係数	標準偏差	t値
定数項	-1.232	0.903	-1.364	0.955	1.206	0.792	-2.775	0.951	-2.918 ***
資産（対数）	0.047	0.125	0.373	-0.102	0.164	-0.619	0.127	0.131	0.973
信用評点	-0.012	0.008	-0.156	-0.055	0.011	-5.000 ***	0.012	0.008	1.471
所有者	0.167	0.101	1.66 *	0.207	0.132	1.574	0.083	0.105	0.791
節税効果	0.433	0.104	4.152 ***	0.126	0.143	0.883	0.475	0.107	4.446 ***
利益変動	0.16	0.085	1.876 *	0.256	0.115	2.23 **	0.055	0.089	0.615
取引銀行数	0.066	0.023	2.889 ***	0.057	0.03	1.908 *	0.039	0.024	1.648 *
現金比率	-0.438	0.388	-1.127	-1.364	0.584	-2.336 **	0.138	0.399	0.347
サンプル数	736			736			736		
McFadden R-squared	0.038			0.09			0.4		
R-squared	-449.492			-232.277			-402.126		

***, **, * はそれぞれ 1 ％, 5 ％, 10％水準で有意であることを示している。

手元に現金がない中小企業が，赤字に対応するために，生命保険を解約することで，資金調達していると解釈することができる。つまり，中小企業金融において，生命保険が，一定の役割を担っている可能性を指摘することができるだろう。

5. むすび

　本章では，中小企業において，生命保険を解約する企業にはどのような特徴があるのか，赤字を理由にして生命保険を解約する企業，その他の理由で生命保険を解約する企業にはどのような特徴があるのかを実証的に明らかにし，中小企業金融における生命保険の役割を明らかにしようと試みてきた。

　その結果，銀行との関係が強固ではない中小企業が，生命保険の解約によって，資金制約を緩和しようとしていると解釈できる結果を得た。また，信用リスクが高く，業績の変動が大きく，手元に現金のない企業が生命保険を解約して資金を調達しようとしていると考えられる結果が得られた。つまり，本章における実証分析の結果は，生命保険の解約が，中小企業金融に一定の役割を果たしていると評価できる可能性を示すものである。

　最後に，今後の展望について議論しておこう。第1に，すべての回答企業が，生命保険の購入の有無について回答している訳ではない。つまり，生命保険の解約に関する意思決定が，「生命保険を購入するか否か」，そして，「その生命保険を解約するのか否か」の2つの段階を経ている可能性がある。今後の分析では，こうした2つの段階の意思決定を考慮した形で進めていくことができるだろう。

　第2に，本章の分析に利用した中小企業の財務データは，2013年のものである。しかしながら，本章で尋ねている生命保険の解約は，2009年度から2013年度の5年間のものである。2009年以前のデータを利用して，分析を行うなど，本章で得られた結果の頑健性を確認する必要があるだろう。

　第3に，銀行との関係が強固ではない中小企業が，生命保険を解約する傾向などが確認できたが，生命保険の解約によって得た資金を，その後，どのように利用しているかまでは明らかにできていない。つまり，本郷（2008）が指摘するように，赤字だと銀行の融資審査や格付けに影響するため，決算上の対策として生命保険を解約している可能性もあるが，新しい機械を導入するなど設備投資を滞らせることなく経営するため，生命保険を解約している可能性もある。また，従業員の給与の支払いなど，日々の運転資金のために，生命保険を解約している可能性もある。つまり，資金制約に直面した企業の分析という点では，Hoshi, Kashyap and Scharfstein（1990）と類似する点もある。今後の研究では，改めてアンケート調査を実施するなどして，生命保険の解約によって得た資金がどのように利用されたのかを明らかにすることで，中小企業金融における生命保険の役割を明らかにすることができるだろう。

　第4に，本章の分析となっている中小企業は，従業員21人から300人以下の製造業に属する企業で，帝国データバンクに「前期業績決算書」，「最新期業績決算書」を提出している，中規模の優良製造業企業である。つまり，生命保険を解約したが倒産してしまった企業や，決算書を提出していないような企業は含まれていない。今後は，対象とする企業を拡大していく研究が考えられるだろう。

　第5に，個人の生命保険解約の研究のように，パネルデータを分析することで，どのような時に生命保険を解約するのか，そして，生命保険を解約した企業がその資金を何に使い，その結果，パフォーマンスが改善したのかどうかなどを明らかにしていくことも必要であろう。

■注————————————————————————————

1　浅井（2015a）は，中小企業（製造業）における損害保険料の支払額の平均値は約500万円，中央値は250万円であると紹介している。
2　変動係数を用いた分析を行ったが，結果は変わらなかった。生命保険の解約が，

2009年度から2013年度の 5 年間のデータであるのに対して，利益の変動は2011年度から2013年度の 3 年間のデータである。 3 年間の利益の変動が大きかった中小企業は，それ以前も，利益の変動が大きい傾向があると仮定して分析を行っている点が，本章の分析の限界である。

3 　日本の中小企業の生命保険需要を推計した浅井（2015b）でも，同様の説明変数を用いている。

4 　海外の保険需要の研究では，保険可能資産を用いることもあるが，本章では「資産（対数）」を用いている。

5 　本章の限界は，生命保険を解約する理由として，「赤字」と「その他」しかわからないことである。ただし，「その他」の理由の多くは，役員退職金の支払いであると推測される。

6 　取引銀行数以外に，銀行の支店までの「距離」を用いた場合も同様の結果が得られる。しかし，分析の対象となるサンプルが679社にまで減少する。

7 　藤井（2010）は，中小企業が生命保険を購入する動機を，(1)リスクへの対応（①福利厚生目的，②事業承継目的，③利益平準化目的），(2)節税目的，(3)資金調達目的，の 3 つに分類している。

8 　本章では，限界効果は記載していない。

<table>
<tr><td>第6章</td><td>中小企業金融における
デリバティブ利用</td></tr>
</table>

1. はじめに

　企業金融の研究分野の中で，デリバティブは，重要な研究課題の１つであろう[1]。伝統的な企業金融の枠組みでは，株主は，多くの企業への分散投資を進めることで，企業固有リスクをヘッジすることができる。また，企業が，リスクマネジメントを行ったとしても，企業価値が増加するとは考えられていなかった。

　しかし，現実には，企業において，保険が購入されたり，デリバティブが購入されたりしている。Froot, Scharfstein and Stein（1993）は，外部から資金を調達することはコストが高く，投資資金を確保するために，リスクマネジメントが必要であると説明している。つまり，資金を必要とする企業では，デリバティブを購入するなどのリスクマネジメントを行う必要性が高いかもしれない。また，Smith and Stulz（1985）は，リスクマネジメントを行うことで，資金調達コストの低下などによって，企業価値が増加する可能性を指摘している[2]。

　理論的な研究に基づきながら，上場企業とデリバティブについては，多くの実証研究が行われてきている。Nance, Smith and Smithson（1993），Géczy, Minton and Schrand（1997），Allayannis and Ofek（2001），Lel（2012）は，成長機会を有する企業ほど，デリバティブを利用する傾向があることなどを明らかにしている。また，Kim, Mathur and Nam（2006）や Kuzmina and

132

Kuznetsova（2018）は，輸出・輸入をしている企業は，デリバティブを利用する傾向があることを発見している。

　しかしながら，以上の研究は，上場企業のデリバティブ利用を分析したものであって，中小企業のデリバティブ利用を分析した研究は，筆者の知る限りでは存在していない。どれくらい中小企業がデリバティブを利用しているのか，どのような特徴を持つ中小企業がデリバティブを利用する傾向があるのかなど，明らかになっていないことは数多い。そこで，本章では，以下の観点から分析を進める。第1に，第2章で紹介したアンケート調査の結果を用いて，中小企業のデリバティブ利用の要因を分析する。第2に，目的で分類して，デリバティブ利用に関する実証分析を行っている。Bartram（2019）は，デリバティブは，リスクマネジメント目的で利用されるだけではなく，投機目的で利用される場合もあることを指摘している。Bodnar, Hayt and Marston（1998）のアンケート調査の結果によれば，アメリカの上場企業では，デリバティブを利用する理由は，リスクマネジメントと投機が同じ程度である。しかしながら，先行する研究の多くでは，リスクマネジメント目的と投機目的を十分に識別することが困難である。安田・柳瀬（2011）は，ヘッジ会計の開示規制の変更を利用して，デリバティブ利用の決定要因を明らかにしようと試みている。本章では，アンケート調査の長所を利用して，中小企業がデリバティブを利用する動機について直接尋ねていて，動機の識別を行った上で，分析を行っている。第3に，中小企業のリスク（ロス）ファイナンスの決定要因について，実証分析の結果を示そうとしている。中小企業のリスクマネジメントについては，第3章で，損害保険需要の分析を行っていて，中小企業が損害保険を需要する要因を明らかにしている。リスク（ロス）ファイナンスの観点から，デリバティブは，損害保険と似た性質を持つ。そこで，本章では，デリバティブを利用する要因を分析して，第3章の損害保険需要の結果と比較を行う。

　本章では，以下の3つの仮説を検証する。第1に，前章までの分析でも指摘してきたように，中小企業は資金制約に直面している。中小企業にとって，損害保険や生命保険は，資金制約を緩和するための手段である可能性を見てきた

が，保険同様に，デリバティブも，中小企業の資金制約緩和の手段であるかも
しれない。そこで，1番目の仮説は，「資金制約に直面している中小企業は，
デリバティブを利用する傾向がある」である。

　第2に，先行する研究の結果は，信用リスクが，企業のリスクマネジメント
と関係があると指摘している。先行する研究は，上場企業では，信用リスクが
高い企業の方が，損害保険を需要する傾向があることを確認しているが，中小
企業では，信用リスクの低い企業の方が損害保険を需要する傾向があることを
発見している。そこで，中小企業のデリバティブ利用を分析する本章では，2
番目の仮説は，「信用リスクの低い中小企業が，デリバティブを利用する傾向
がある」である。

　第3に，デリバティブは，保険では扱うことが難しい，通貨リスクなどに対
応することができる。輸出・輸入を行っている中小企業は，より多くの通貨リ
スクを抱えていて，それらをヘッジする必要があるかもしれない。したがって，
3番目の仮説は，「中小企業の輸出・輸入は，デリバティブの利用と正の関係
がある」である。

　本章の結果が特徴的なのは，アンケート調査で得られたデータを活用するこ
とで，通常は分析することが困難である，中小企業のデリバティブの利用に関
して，実証研究の結果を提供しようと試みている点であろう。Graham and
Harvey（2001）など，アンケート調査を利用した実証分析は，最近の企業金
融の研究では一般的である。中小企業金融の研究では，特に有用で，Asai
（2019），Ono and Uesugi（2009）や Uchida, Udell and Yamori（2012）など，
多くの研究がアンケート調査を利用して，未解明であったことを明らかにして
きている。本章の分析では，第2章のアンケート調査の結果を利用している。

　本章の分析が，もう1つ特徴的であるのは，アンケート調査の長所を利用し
て，デリバティブを購入した目的を分類している点であろう。Harrington and
Niehaus（2003）によると，デリバティブによるリスクマネジメントは，リ
スク（ロス）ファイナンスに分類され，保険もリスク（ロス）ファイナンスに
分類される。しかし，デリバティブと保険の大きな違いは，保険は純粋リスク

の管理に利用が限定される一方で，デリバティブは投機目的にも使用できる点である。デリバティブについては，通常，開示された情報から購入の目的を識別することは困難であり，ほとんどの先行する研究では，デリバティブを利用する目的を区別していない。そこで，本章では，デリバティブを使用する目的で分類して，日本の中小企業がデリバティブを利用する要因について，実証分析の結果を提供している。

　筆者の知る限り，この研究は，銀行との関係の影響を考慮しながら，中小企業のデリバティブ利用の決定要因に焦点を当てた最初の研究である。また，デリバティブの利用目的を考慮しながら分析を行っている点も新しい。本章で得られた主な結果は以下の通りである。

　まず，第1に，銀行と密接な関係が構築できていない中小企業は，リスクマネジメント目的でデリバティブを利用する傾向があることがわかった。第2に，信用リスクが低い企業ほど，リスクマネジメント目的で，デリバティブを購入する傾向があることも明らかになった。第3章の分析結果からは，資金制約に直面している中小企業，信用リスクが低い企業が損害保険を需要する傾向があることが明らかになっていたが，本章の分析からは，リスクマネジメント目的でデリバティブを購入する要因も，損害保険需要と同様の要因であることが確認できる。第3に，輸出・輸入を行う企業では，リスクマネジメント目的でデリバティブを購入する傾向があることが確認できた。

　本章は，以下のように構成されている。第2節では，先行する理論的研究と，実証研究に基づいて仮説を提示している。第3節では，利用するデータについて説明し，第4節は，本章の分析で用いる変数と実証分析で用いるモデルを示す。第5節では，実証分析の結果を示し，第6節では，本章をまとめる。

2. 実証研究に関する仮説

2.1. 銀行・企業間関係

　中小企業は，資金を調達するために株式や債券を発行することが困難なので，上場企業よりも厳しい資金制約に直面していることはよく知られている。先行する研究では，密接な関係が，銀行と企業の間から生じる情報の非対称性の問題を軽減し，資金調達の問題を緩和する可能性を指摘している。Petersen and Rajan（1994）や Blackwell and Winters（1997）などの実証研究は，密接な関係が，金利の低下と資金の利用可能性の向上につながることを示している[3]。

　第3章では，資金制約に直面している中小企業ほど，損害保険を需要する傾向があることを発見している。デリバティブは，損害保険と似たような機能を果たす場面があるが，中小企業の資金制約と，デリバティブの利用に関する実証研究は行われていない。したがって，本章における，最初の仮説を改めて述べると，次の通りである。

仮説1　資金制約に直面している中小企業の間では，デリバティブが利用される傾向がある。

2.2. 信用リスク

　企業のリスクマネジメントは，信用リスクと関係していることが多い。Hoyt and Khang（2000）や Zou and Adams（2006）は，上場企業では，信用リスクが高い企業の方が，損害保険を需要する傾向があることを確認している。一方で，第3章では，中小企業では，信用リスクの低い企業の方が損害保険を需要する傾向があることを発見している。第3章で確認したことが，デリバティブでも成立するのであれば，2番目の仮説は次の通りである。

仮説2　信用リスクの低い中小企業が，デリバティブを利用する傾向がある

2.3. 輸出・輸入

　企業が輸出・輸入などの活動に従事している場合，通貨リスクなどの大きなリスクに直面している可能性がある。したがって，輸出・輸入を行っていない企業に比べて，リスクマネジメントのために，デリバティブを使用する傾向があることが予想される。Kuzmina and Kuznetsova（2018）は，輸出・輸入を行っている上場企業では，デリバティブを利用する傾向があることを発見している。また，Regan and Hur（2007）は，多くの輸出を行っている企業では，損害保険需要が大きいことを示している。したがって，3番目の仮説は，以下の通りである。

仮説3　輸出・輸入を行っている中小企業は，デリバティブを利用する傾向がある。

3. データ

　本章の分析では，第2章で紹介したアンケート調査の結果と中小企業の財務データを用いて分析を行う。アンケートを返送してくれた中小企業909社のうち，886社がデリバティブの利用の有無について回答している。そこで，本章では，この886社のデータを基に分析を進めていく。アンケートでは，「貴社のデリバティブ（金融派生商品；通貨や金利に関するオプション，スワップ，先物・先渡取引，CATボンドなど）の利用状況について，該当する番号を一つ選び，○で囲んで下さい」と尋ねているため，本章では，オプション，スワップ，先物・先渡取引，CATボンドなどを，「デリバティブ」と定義して分析する。

　本章のデータには，2つの利点がある。第1に，デリバティブを購入しているかどうかが明らかになっている。通常，こうしたデータは，特に中小企業では，財務諸表として開示されていないか，開示されていたとしても限界がある。

第2に，デリバティブを購入している理由がわかっている点である。デリバティブを購入している場合でも，リスクマネジメント目的の場合と，投機目的の場合がある。為替リスクのある取引のリスクを管理するために，通貨に関するデリバティブを購入した場合は，「リスクマネジメント目的」と考えられるのに対して，通貨リスクを抱えていないにもかかわらず，通貨に関するデリバティブを購入した場合は「投機目的」で，デリバティブを購入したことになるだろう。本章の分析の最大の特徴は，このデリバティブの購入の目的について，アンケート調査で企業に直接尋ねることで，動機を区別している点にあるだろう。

4. 変数と実証分析モデル

　本章における，中小企業のデリバティブ利用の実証分析では，中小企業の保険需要を推計した，第3章のモデル，その他のデリバティブ利用の実証分析モデルを参考にしながら，プロビットモデルで，以下の被説明変数と説明変数を採用している。

デリバティブ利用 = f（銀行・企業関係，所有構造，輸出・輸入，企業規模，信用評点，成長期待，地域）

　図表6−1では，実証分析で使用される変数とその定義を示している。図表6−2は，これらの変数の記述統計量を示している。図表6−2の結果は，中小企業の12.8％が，リスクマネジメント目的でデリバティブを利用し，中小企業の10.4％が投機目的でデリバティブを利用していることを明らかにしている。複数回答ではないため，合計で，23.1％の中小企業はデリバティブを利用していることが明らかになった[4]。Bartram, Brown and Fehle（2009）は，米国の上場企業の65％がデリバティブを使用していると報告している。本章の結果と

138

比較すると，日本の製造業の中小企業は，米国の上場企業ほど，デリバティブを使用していないが，一定数の製造業の中小企業が，デリバティブを利用している実態が確認できる[5]。

4.1. 被説明変数

本章の分析で利用するデータの特徴は，中小企業がデリバティブを使用する目的が明らかにされている点である。つまり，本章で利用するアンケート調査

図表6−1 変数の定義

変数	定義
被説明変数	
デリバティブ利用	もし，企業がデリバティブを利用していれば1，それ以外の場合は0
リスクマネジメント目的のデリバティブ利用	もし，企業がリスクマネジメント目的でデリバティブを利用していれば1，それ以外の場合は0
投機目的のデリバティブ利用	もし，企業が投機目的でデリバティブを利用していれば1，それ以外の場合は0
説明変数	
銀行・企業間関係	
銀行数	企業が取引している企業数
所有構造	
信用評点	帝国データバンクから得た信用評点（0〜100点）
企業活動	
輸出・輸入	もし，企業が「事務所，店舗，工場などを海外に所有していないが，製品などを輸出・輸入している」と回答していれば1，それ以外の場合は0
その他企業の特徴	
規模	資産の自然対数値
独立系企業	もし，企業が「親会社を持たない独立系企業である」と回答していれば1，それ以外の場合は0
成長期待	「成長が期待できる」，「成長がやや期待できる」と回答していれば1，それ以外の場合は0
地域	もし，企業の本社が「東京都」に立地していれば1，それ以外の場合は0

図表 6 - 2 記述統計

	サンプル数	平均	中央値	標準偏差	最大値	最小値
被説明変数						
リスクマネジメント目的	113	0.128	0	0.334	1	0
投機目的	92	0.104	0	0.305	1	0
すべてのデリバティブ利用	205	0.231	0	0.422	1	0
説明変数						
銀行数	886	4.963	5	2.214	10	1
信用評点	886	54.212	54	6.499	72	29
輸出・輸入	886	0.335	0	0.472	1	0
規模	886	14.147	14.123	0.922	16.74	11.131
独立系企業	886	0.582	1	0.493	1	0
成長期待	886	0.505	1	0.5	1	0
地域	886	0.132	0	0.339	1	0

の結果は，デリバティブの利用について，リスクマネジメント目的と投機目的の2つに区別することができる。1つ目は，「リスクマネジメント」目的のデリバティブであり，企業が純粋リスクに備えて利用している。デリバティブ利用の研究をサーベイしている Triki（2005）では，デリバティブを利用している場合は1，利用していない場合は0を取る被説明変数を利用していることが多いことを紹介している。そこで，本章でも，第2章でのアンケート（図表2-23）に対して，「リスクマネジメントの手段として，デリバティブを利用したことがある」と回答した場合，説明変数は1を取り，該当しない場合は0を取る変数を準備する。2つ目は，「投機」目的のデリバティブであり，企業が資産運用目的で利用しているものである。「資産運用の手段として，デリバティブを利用したことがある」と回答した場合，説明変数は1を取り，該当しない場合は0を取る変数とする。この質問では，複数回答は認められていないため，リスクマネジメント目的と投機目的の合計は，中小企業がデリバティブ

を購入した合計である。

4.2. 説明変数

4.2.1. 仮説に関する変数

銀行・企業間関係

　仮説1を分析するために，中小企業が取引する銀行の数を使用する。Petersen and Rajan（1994）やBlackwell and Winters（1997）など，リレーションシップバンキングに関する研究分野では，企業が借り入れる銀行の数が多いほど，各銀行との関係は弱く，十分な資金を借りることができず，より多くの銀行と取引する傾向があると考えられている。つまり，取引銀行数が多い中小企業は，銀行と密接な関係を構築できていないと見なされている。本書の分析を通じて，銀行の数（Banks）は，企業と銀行の関係を測定するための最も一般的な変数の1つである。中小企業が借りる銀行が増えるほど，中小企業がデリバティブを購入することが予想される。

信用評点

　仮説2を検証するために，帝国データバンクから入手した信用評点を利用する。Mayers and Smith（1990）は，保険を購入すると，リスクを保険会社にシフトすることができるので，取引コストなどを削減することができると主張している。つまり，信用リスクの高い企業は，デリバティブを購入する傾向があると予想できる。一方で，中小企業の場合，信用リスクが高い企業は，デリバティブを購入する余裕もないかもしれない。実際に，第3章の結果は，信用リスクが低い中小企業が，損害保険を需要する傾向があることを示している。つまり，中小企業の信用リスクが，デリバティブの購入に与える影響は，プラスにもマイナスにもなる可能性があるため，これらの影響を実証的に分析する必要がある。

　本章では，帝国データバンクの財務諸表にある，信用評点を利用している[6]。

信用評点は，帝国データバンクの財務諸表に掲載されている企業の信用評価である。Asai（2019）や Ono and Uesugi（2009）など，日本の中小企業金融に関する，多くの先行研究が，信用リスクの指標として，信用評点を採用している。

海外進出・貿易

　仮説 3 を検証するために，「海外に工場はないが，材料や製品を輸出および／または輸入している」場合に 1，それ以外の場合は 0 をとるダミー変数を導入している。企業が輸出・輸入を行う場合，通貨レートの変動や政治的不安定などのリスクが生じる。一方で，材料や製品を輸出・輸入しないで，日本国内でのみ事業を行う中小企業は，これらのリスクを負うことはない。実際に，Kuzmina and Kuznetsova（2018）は，輸出・輸入をする企業は，デリバティブを利用する傾向があることを発見している。また，Regan and Hur（2007）は，輸出量が多い企業ほど，損害保険の需要が多いことを示している。そのため，輸出・輸入を行っている中小企業は，デリバティブを使用してリスクマネジメントを行う傾向があると予想する。

4.2.2.　他の変数

　前述の重要な変数に加えて，デリバティブ利用について，関係している可能性のある企業の特徴をコントロールしようと試みている。

資産

　先行研究では，企業規模のリスクマネジメントに対する影響として，相反する 2 つの影響をあげている。Mayers and Smith（1990）は，破綻コストは規模に比例しないため，破綻した場合，規模の大きな企業よりも，規模の小さい企業の方が，影響が大きいと指摘している。つまり，破綻コストを考慮すると，（特にリスクマネジメント目的では）中小企業は大企業よりも多くのデリバティブを利用する傾向があると予想できる。本章では，資産の自然対数を取っ

たものを，規模を示す変数とする。

所有構造

　中小企業が独立系企業である場合に1を取るダミー変数を準備する。第2章のアンケート調査で，「親会社を持たない独立系企業である」と回答していれば1，それ以外は0を取る変数である。Stulz（1984）が指摘しているように，独立系企業は，社長が，株主としても会社に大きな利害関係を持っているので，デリバティブを購入する強いインセンティブを有していると予想できる。一方で，Anderson and Reeb（2003）は，一部の独立系企業は，価値最大化を追求するため，リスクを取る可能性を指摘している。つまり，独立系企業は，デリバティブを購入する動機が少ないかもしれない。すなわち，所有構造とデリバティブの利用の関係について，理論的には，「デリバティブの利用を促す効果」と，「デリバティブの利用を減らす効果」の相反する可能性が考えられるため，実証的な検証が必要である。

成長

　Hoyt and Khang（2000）やZou and Adams（2006）など，先行する研究では，成長期待が保険需要に与える影響を検証している。成長機会の多い企業が事故や災害に遭遇し，資金不足に直面した場合，有望な投資機会を放棄する必要が出てくるかもしれない。成長の見通しが高い企業ほど，投資機会を放棄するコストは高くなる。そこで，成長機会の多い企業では，デリバティブを購入する可能性が高いと予想できる。第2章では，「貴社の今後の経営の見通しとして，最も適切なものはどれですか」と尋ねていて，「成長が期待できる」，「成長がやや期待できる」，「現状維持の見込みである」，「縮小する見込みである」，「わからない」の中から回答してもらっている。本章では，中小企業が，「成長が期待できる」もしくは「成長がやや期待できる」と回答していれば1を取り，それ以外では0を取る変数を採用している[7]。

地域

　中小企業が東京都に立地している場合は 1 を取り，それ以外の場合は 0 を取る変数を採用する。帝国データバンクから入手した中小企業の財務諸表を利用して，企業の本社が立地する都道府県を特定している。Abreu and Mendes (2010) は，都市部に住む人の方が，金融知識の水準が高いことを指摘している。都市部に立地する企業は，デリバティブに触れる機会が多いだろう。したがって，都市部にある中小企業はデリバティブを利用する傾向があると予想する。本章では，「東京都」に立地する企業を，都市部にある企業と定義して分析を行っている。

5.　実証分析の結果

5.1.　すべてのサンプルを用いた分析結果

　図表 6 - 3 は，リスクマネジメント目的と投機目的の両方を含めた，プロビット分析の結果を報告し，中小企業のデリバティブ利用の決定要因を示している[8]。後半では，リスクマネジメント目的と投機目的を分けて，デリバティブ利用の分析結果を確認していく。

　第 1 に，図表 6 - 3 では，「銀行数」の係数が正で有意であることを示している。したがって，多くの銀行と取引している中小企業はデリバティブを購入する傾向がある。つまり，**仮説 1** は採択される。上記のように，銀行と密接な関係を持たない中小企業は，事故や災害の場合に十分な資金を借りることができない可能性があるため，資金制約に直面していると見なされる。本章の実証分析の結果は，銀行と密接な関係を持たない中小企業は，資金制約問題に対処するため，デリバティブを利用する傾向があることを示唆している。こうした結果は，中小企業の資金制約と損害保険需要の分析を行った，第 3 章の分析結果とも整合的である。

　第 2 に，図表 6 - 3 は，続いて，「信用評点」は，係数がプラスで有意であ

144

図表6-3 すべてのデリバティブ利用

変数	限界効果	標準偏差	Z値
定数項		1.007	−1.706*
銀行数	0.143	0.041	6.391***
信用評点	0.018	0.005	2.308**
輸出・輸入	0.333	0.100	3.113***
規模	0.010	0.003	0.185
独立系企業	−0.099	−0.029	−0.982
成長期待	−0.110	−0.032	−1.126
地域	0.453	0.146	3.418***
サンプル数	886		
McFaddenR-squared	0.099		

***，**，* はそれぞれ1％，5％，10％水準で有意であることを示している。

ることを示している。したがって，**仮説2**は採択される。つまり，信用リスクが低い，健全だと考えられている企業の方が，デリバティブを利用する傾向があることが確認できる。第3章の損害保険需要の推計結果と同様にして，信用リスクが低い企業の方が，失うものが多く，リスクマネジメントを行う余裕もあるため，デリバティブの利用について積極的であると解釈できるかもしれない。

第3に，図表6-3は，「輸出・輸入」の係数がプラスで有意であることを示している。製品や材料を輸出・輸入する中小企業は，デリバティブを利用する傾向があるとする，**仮説3**は採択される。国内のみで操業する企業よりも，海外進出，輸出・輸入する企業は，為替リスクに備えて，デリバティブを利用する傾向があるものと考えられる。

その他の変数について，「規模」の係数は，有意ではないことが確認できる。つまり，デリバティブの利用と，企業規模とは関係がないと解釈できそうである。また，「独立系企業」の係数が，有意ではないことを示している。つまり，

親会社を持たない独立系企業は，デリバティブを積極的に利用すると予想したが，本章の分析で得られた結果からは，独立系企業がデリバティブを利用する傾向は確認できない。「成長期待」の係数は，理論に基づいたマイナスと予想とは逆であるが，統計的には有意ではない。「地域」の係数が正で有意であることも示している[9]。都市部にある中小企業は，新しい金融商品にも馴染みがあって，デリバティブを利用する傾向があることが確認できる。

5.2. リスクマネジメントを目的としたデリバティブ利用

　図表6－4は，中小企業のデリバティブ利用の決定要因（リスクマネジメント目的）を明らかにするための，プロビットモデルの推計の結果を報告している。前述のように，デリバティブがリスクマネジメント目的に基づいて購入される場合，デリバティブの機能はリスク（ロス）ファイナンスであり，その役割は損害保険に似ているため，第3章の結果と似た結果が得られることが予想できる。

　図表6－4の結果は，デリバティブ利用の決定要因（リスクマネジメント目

図表6－4 リスクマネジメントを目的としたデリバティブ利用

変数	限界効果	標準偏差	Z値
定数項		1.025	−3.839 ***
銀行数	0.027	0.026	6.027 **
信用評点	0.004	0.009	2.385 **
輸出・輸入	0.091	0.127	3.735 ***
規模	0.004	0.063	0.386
独立系企業	0.012	0.119	0.582
成長期待	−0.016	0.116	−0.809
地域	0.092	0.147	2.962 ***
サンプル数	886		
McFaddenR-squared	0.125		

***，**，* はそれぞれ1％，5％，10％水準で有意であることを示している。

的）の分析の結果を示している。第3章の結果と比較することで，多くのこと
が明らかになるものと考えられる。また，後述する，投機目的のためのデリバ
ティブ利用と比較することにより，リスクマネジメント目的のデリバティブ利
用の特徴が，より明確になるであろう。

　第1に，図表6-4は，「銀行数」の係数が正で有意であることを示してい
る。本章の結果は，銀行と密接な関係が構築できていない中小企業が，リスク
マネジメントのためにデリバティブを購入する傾向があることを示している。
この結果は，銀行関係と損害保険需要との関係を分析した，第3章の結果と一
致している。つまり，第3章と本章の分析結果は，銀行との関係が構築できて
いない中小企業では，損害保険やデリバティブを使用して，将来必要になる資
金調達に備えていると解釈できるだろう。

　第2に，図表6-4の分析結果は，「信用評点」の係数が，プラスで有意で
あることを明らかにしている。つまり，信用リスクが低い企業の方が，リスク
マネジメント目的で，デリバティブを利用する傾向があることが確認できる。
より健全性が高いと考えられる企業が，デリバティブを利用する傾向があると
いう点は，第3章で得られた，「信用リスクの低い企業の方が損害保険を需要
する傾向がある」という結果と整合的である。つまり，中小企業では，信用リ
スクの低い企業の方が，総じてリスクマネジメントに積極的である傾向が窺え
る。

　第3に，図表6-4は，「輸出・輸入」の係数が正で有意であることを示し
ている。残念ながら，今回のアンケート調査では，中小企業がどのような種類
のデリバティブを購入したかについての情報は得られていないが，製品や材料
を輸出・輸入している中小企業は，通貨リスクに関するデリバティブを利用す
る傾向があると解釈できそうである。また，本章の結果は，輸出・輸入をする
企業は，デリバティブを利用する傾向があることを発見した Kuzmina and
Kuznetsova（2018）や，輸出・輸入をする中小企業は，損害保険を需要する
傾向があることを発見した Regan and Hur（2007）の結果とも一致している。
つまり，海外との取引を行う中小企業ほど，リスクマネジメントを積極的に行

う傾向があることが確認できる。

　他のコントロール変数に関しては，図表6－4は，「規模」が有意ではない。第3章の結果は，規模の小さい企業ほど，損害保険需要が大きいことを示していたが，デリバティブではこうした結果が得られないことも確認できた。「独立系企業」の係数が正の値であるが，有意ではないことを示している。図表6－4は，「成長期待」の係数は有意ではないことを示している。すなわち，「成長期待」は，リスクマネジメント目的でのデリバティブ利用にとって重要な要因ではないことを示している。また，図表6－4は，「地域」の係数が正で有意であることを示している。図表6－4の結果は，東京都という都市部の地域では，リスクマネジメントのために，デリバティブを利用する傾向があることを示している。

5.3.　投機を目的としたデリバティブ利用

　図表6－5は，投機目的のデリバティブ利用の決定要因を示している。図表

図表6－5　投機を目的としたデリバティブ利用

変数	限界効果	標準偏差	Z値
定数項		1.007	−1.706*
銀行数	0.010	0.026	2.240**
信用評点	0.001	0.009	0.594
輸出・輸入	0.007	0.129	0.305
規模	−0.001	0.064	−0.066
独立系企業	−0.041	0.119	−1.920*
成長期待	−0.014	0.116	−0.707
地域	0.043	0.157	1.415
サンプル数	886		
McFaddenR-squared	0.027		

***，**，* はそれぞれ1％，5％，10％水準で有意であることを示している。

6 – 5 の結果は，リスクマネジメント目的のデリバティブ利用の分析を行っている図表 6 – 4 の結果と，いくつかの点で対照的である。

　図表 6 – 5 は，「銀行数」の係数が正で有意であることを示している。この結果は，図表 6 – 4 の結果と一致している。つまり，銀行と密接な関係を持たない中小企業は，リスクマネジメント目的だけではなく，投機目的でもデリバティブを利用する傾向がある。しかし，図表 6 – 5 の結果で，図表 6 – 4 の結果と一致するものは「銀行数」だけである。

　図表 6 – 5 では，「信用評点」や「輸出・輸入」の係数は，有意ではなく，投機的な目的のデリバティブ利用とは，有意な関係がないことを示している。その他の変数についても，「規模」，「成長期待」や「地域」の係数に有意な関係が確認できない。唯一，「独立系企業」の係数は，負で有意である。すなわち，親会社を持たない中小企業は，投機目的でデリバティブを購入しない傾向がある。つまり，分析の結果は，独立系の中小企業は，デリバティブなどの金融商品を使用して，資産運用をしない傾向があると解釈できるだろう。

6. むすび

　本章の分析では，日本の中小企業（製造業）に関する，貴重なデータセットを使用して，デリバティブ利用の決定要因を分析している。特に，本章が特徴的なのは，アンケート調査のデータを利用して，デリバティブの利用を，「ヘッジ目的」と「投機目的」に分類している点にある。

　本章の分析で明らかになったことは，以下の通りである。第 1 に，多くの銀行と取引のある中小企業，つまり銀行と密接な関係が構築できていない中小企業は，デリバティブを利用する傾向があることが明らかになった。第 2 に，リスクマネジメント目的では，信用リスクが低い企業の方が，デリバティブを利用する傾向があることが確認できた。つまり，中小企業では，失うものが多い企業ほど，デリバティブを利用する傾向があることが明らかになった。こうし

た傾向は，中小企業の損害保険需要を分析した第3章の結果とも整合的である。第3に，輸出・輸入をしている中小企業は，リスクマネジメント目的でデリバティブを利用する傾向があることもわかった。

　本章の結果は，中小企業金融において，デリバティブは資金制約の緩和に一定の役割を果たしている可能性を示唆している。本章の結果と比較するために，製造業以外の他の産業，もしくは他の国のデータを用いた実証研究を進めていく必要があるだろう。また，本章の分析では，中小企業のデリバティブ利用の実証分析を行っているが，どのような種類を利用しているのかについては，明らかになっていない。また，同じリスクマネジメントを目的としたリスク（ロス）ファイナンスであっても，どのような場面で，保険が選択されるのか，もしくはデリバティブが選択されるのか，それはなぜなのかについて，明らかになっていない。今後，分析を進めていく必要があるだろう。

■注
1　本章が対象とするデリバティブとは，金融派生商品のことで，具体的には，通貨や金利に関するオプション，スワップ，先物・先渡取引，CATボンドなどのことである。
2　Allayannis and Weston（2001）やAllayannis, Lel and Miller（2012）は，アメリカなどのデータを用いて，デリバティブを利用していると，企業価値が上昇する傾向があることを明らかにしている。Gerald, Lin and Smith（2011），Chen and King（2014）やAhmed, Judge and Mahmud（2018）は，デリバティブは資金調達コストを低下させることを実証的に確認している。
3　これらの研究では，銀行と中小企業との関係は，中小企業が取引している銀行の数によって計測されることが多い。中小企業がメインバンクから十分な資金を借りることができない場合，他の銀行から借りる。したがって，多くの銀行から中小企業が借りることは，資金制約が強いことを示唆していると考えている。
4　複数回答ではないため，デリバティブを利用する，最も主要な理由を尋ねていることになる。
5　Harrington and Niehaus（2003）は，デリバティブによるヘッジを行っている中小企業は上場企業に比べると少ないと予想しているが，実際に，本章の結果も，

こうした見解を支持するものである。

6　日本の中小企業の中には，社長などの個人保証を利用して，資金を借り入れる企業もある。したがって，中小企業の分析に，信用リスクの代理変数としてレバレッジを使用することは適切ではないだろう。

7　「成長が期待できる」と回答した企業だけに限定しても，係数の有意性，回帰式への影響はなかった。

8　ロジット分析を用いても，分析の結果に変化はなかった。

9　東京都以外にも，大阪府など，他の都市圏を説明変数として用いても，符号や有意水準に変化はないため，代表して東京都の結果を掲載してある。

終　章　　中小企業金融と保険

　本書の分析の結果からは，銀行から融資を受けられない可能性が高い中小企業，また，倒産によって多くのものを失う可能性がある中小企業が，保険を需要する傾向があることが明らかになってきた。つまり，資金制約に直面している中小企業，信用リスクが低い中小企業ほど，積極的に保険を需要する傾向があることなどを確認してきた。

　以上の分析は，もちろん完全なものではなく，その限界や課題については，各章の「むすび」で述べているが，ここでは，各章を通じた，本書が抱える課題について言及し，今後の研究の展望を示すことで，本書全体のむすびとしたい。

　第 1 に，本書では，アンケート調査によって集められたデータに基づいた，実証分析を行ってきた。アンケート調査に基づいた実証分析は，費用はかかるものの，「公開データでは分析できない点を明らかにできる」，「分析して私たちが知りたいことを知ることができるようになる」という点に，大きなメリットがある。一方で，筆者が，信用調査会社にアンケート票の送付を委託する時点では，都道府県などに偏りが出ないように依頼しているが，100％の企業が回答してくれる訳ではないので，回収できたアンケート調査の結果から，正確に中小企業の保険需要などを推定できているのかという課題は残っている。

　多くの企業が回答してくれているアンケート調査，たとえば，政府統計の中で，中小企業と保険に関する項目があり，それを分析することができれば，本書の結果が妥当であることを示すことができるだろう。また，筆者とは異なる，他の研究者がアンケートを実施し，異なった視点から実証分析の結果を積み重

152

ねていくことも，中小企業金融における保険の役割を明らかにしていくために
は必要だろう。

　第2に，本書が利用しているアンケート調査は，製造業に限定されているた
め，中小企業と保険について，産業による相違が生じにくいように設計されて
いる。一方で，アンケート調査と分析の結果は製造業に限定されているので，
他の産業のことはわからない。つまり，現時点では，本書の結果を，中小企業
全体の傾向であると，一般化することには慎重でなくてはならない。つまり，
今後の研究では，製造業以外の中小企業のデータを用いて，中小企業金融にお
ける，保険の役割を明らかにしていくことも必要であろう。

　第3に，本書の分析は，日本の製造業・中小企業を対象としたもので，他の
国の中小企業金融と保険の役割を明らかにすることはできていない。保険は，
国によって，社会保険になっているものがあるなど，制度が異なっている。そ
して，そうした国による保険制度の違いが，中小企業の保険需要の違いをもた
らしている可能性がある。今後は，日本以外の国のデータを用いて，中小企業
金融における保険の役割を検証していくことが有効だろう。特に，上場企業の
損害保険需要については，日本以外にも，アメリカ合衆国，中華人民共和国，
大韓民国，ドイツ連邦共和国などのデータを用いて検証されているため，こう
した国の中小企業の保険データを分析することができれば，中小企業金融にお
ける保険の役割を明らかにできるだけではなく，上場企業の保険需要との違い
も明らかにできるだろう。

　第4に，本書では，融資以外の資金調達の手法として，保険に焦点を当てて
きたが，中小企業の資金調達の手段は，融資や保険だけとは限らない。たとえ
ば，企業間信用も，中小企業の資金調達の手段であろう。また，「工場が火災
で焼失した際に，必要になる資金を調達する」という観点からすると，火災保
険を購入することと，クレジットラインを設定することは似ている。今後は，
銀行の役割を考慮しながら，保険と保険以外の資金調達の手段の関係性を明ら
かにしていく必要があるだろう。

あとがき

　本書は，筆者が初めて執筆した研究書である。筆者は，2012年4月より明治大学商学部で勤務しているが，それ以前に勤務していた城西大学現代政策学部，客員研究員として訪問していたカリフォルニア州立大学ノースリッジ校，大学院生として在籍していたニューヨーク州立大学バッファロー校，名古屋大学での研究生活の成果をまとめることができて，ほっとしている。

　筆者は名古屋市で生まれて，愛知県日進市，犬山市で育ったため，それ以外の地域で生活することを考えたことがなかった。家から一番近い公立高校，国立大学へと進学し，漠然と「大学を卒業したら，名古屋エリアにある民間企業に勤めるか，公務員になるのだろう」と考えていたが，突然大学院に進学することになったのは，大学3年次に名古屋大学文学部国史研究室から経済学部へ転学部し，家森信善先生のゼミナールで勉強することになったからであろう。春休み中にたまたま先生の研究室に繋がった1本の電話が，まさか筆者の職業選択にまで影響する大きな転機になろうとは，当時は考えてもいなかった。

　家森信善先生の学部ゼミナールは，経済学の考え方を全く知らなかった筆者には新鮮で，とにかく毎回，先生がお話しされることが楽しかった。そのうち，「大学院へ進学すれば，もう少し先生の講義が受けられる」と思うようになっていた。振り返ってみると，特に学業成績が優秀だったわけでもない筆者が大学院へ進学したのは，「家森先生と一緒にお仕事をする機会があれば，楽しい人生になりそうだ」と考えたからだと思う。実際に，その後，20年以上にわたって先生のお話を伺いながら，楽しく仕事をする機会に恵まれている。大学4年時は家森先生が在外研究だったため，卒業論文は千田純一先生のゼミナールで書いて，金融論は小林毅先生の講義を受講した。

　大学院では，小川光先生，村上敬進先生，近藤万峰先生，北野重人先生，小橋勉先生，小西葉子先生，森田圭亮先生，大濱賢一朗先生，加藤秀弥先生，小

林照義先生，須賀宣仁先生，土井康裕先生など，近接する分野・同じ分野の多くの先輩方から貴重なアドバイスを頂く機会に恵まれた。また大学院生の時には，地主敏樹先生，藤田誠一先生，藤原賢哉先生，宮尾龍蔵先生などのお取りまとめによって開催されていた，MME（Modern Monetary Economics Summer Institute in Kobe）で研究報告する機会を頂いた。神戸大学には金融論を学んでいる大学院生も数多く，励みになる機会だった。途中，家森先生にはニューヨーク州立大学バッファロー校へ留学することも快く許していただいた。金井雄一先生には，留学に必要な推薦状をお願いすることができた。大学院の金融論は，後に，金融庁長官を務められる佐藤隆文先生の講義を受講した。太田亘先生，奥村隆平先生には，機関投資家とコーポレートガバナンスに関する博士論文を審査して頂いた。少子化，大学院重点化で，大学院生であった筆者を取り巻く環境は決して明るいものではなかったが，学部・大学院と，家森ゼミナールでは「学習することは楽しい」ということをご指導頂けたと思う。大学院修了時のお約束の期限を大幅に超えてしまったが，家森信善ゼミナールの学部・大学院の卒業生として，「拙いながらも，研究活動を続けてきました」という途中経過のご報告として，本書を捧げたいと思う。

　ニューヨーク州立大学バッファロー校に在学中，新田光重先生とのご縁で，城西大学現代政策学部でリスクマネジメント論を教えることが決まった。そのため，保険やリスクマネジメントについての勉強が必要になった。大学，大学院時代を通じて，講義すら受けたことがない科目を教えることになり，困っているところを助けてくださったのが，林晋氏のご紹介でお会いした米山高生先生と柳瀬典由先生だった。米山先生には，一橋大学の大学院の講義資料作成のお手伝いをさせて頂くなど，保険について学習する多くの機会を与えて頂いた。柳瀬先生には，保険の基礎的な用語を教わるところから始まり，海外で開催される保険の学会へ同行させて頂くなど，現在でも多くの機会を与えて頂いている。

　中小企業金融に興味を持つようになったのは，「地域金融コンファレンス」に参加したことがきっかけであった。取りまとめてくださっている筒井義郎先

生，根本忠宣先生，近廣昌志先生をはじめ，青木達彦先生，安孫子勇一先生，石橋尚平先生，植杉威一郎先生，内田浩史先生，小倉義明先生，小野有人先生，深沼光氏，藤野次雄先生，永田邦和先生など，多くの参加者に中小企業金融・地域金融のことを教えて頂いている。

　公益財団法人 生命保険文化センター，公益財団法人 損害保険事業総合研究所，株式会社 ニッセイ基礎研究所の研究会などに参加し，保険制度，保険会社，保険商品のことが少しずつわかるようになってきて，また，諸先輩方の中小企業金融の最先端の研究に触れるうちに，「自分は保険や中小企業金融分野で，どのような貢献ができるのだろうか？」と考えるようになったことが，本書の出発点となった。

　本書のもととなった論文や関係する論文の共筆者として，相澤朋子先生，海野晋悟先生，大倉真人先生，尾崎泰文先生，尾島雅夫先生，佐藤一郎先生，姜英英先生，高久賢也先生，津布久将史先生，手塚広一郎先生，冨村圭先生，内藤和美先生，西山慎一先生，橋本理博先生，播磨谷浩三先生，森平爽一郎先生，柳原光芳先生，Lai, Gene 先生には，論文執筆を通じて多くのことを教えて頂いている。また学会報告などでは，大野早苗先生，大塚忠義先生，奥山英司先生，栗原裕先生，小藤康夫先生，徳常泰之先生，畠田敬先生，村瀬英彰先生，安田行宏先生，山﨑尚志先生をはじめとして，数えきれないほど多くの方から，討論者などとして有益なコメントを頂いた。また研究などでは，石井昌宏先生，石田成則先生，石坂元一先生，伊藤晴祥先生，上野雄史先生，植村信保先生，大藪千穂先生，岡田太志先生，岡田太先生，恩蔵三穂先生，角谷快彦先生，神田恵未先生，金鉉玉先生，小暮厚之先生，佐々木一郎先生，白須洋子先生，諏澤吉彦先生，田野倉葉子先生，茶野努先生，野崎洋之氏，宮地朋果先生，村上恵子先生，山村延郎先生，吉田靖先生，Kwon, Jean 先生など，こちらも数えきることができないほど多くの方から，本書のもととなったことを教えて頂いた。さらに Chang, Mu-Sheng 先生には，カリフォルニア州立大学ノースリッジ校の客員研究員として，在外研究の機会を頂いた。

　また，勤務している明治大学商学部は，金融・保険分野の研究者が多く，朝

岡大輔先生，伊藤隆康先生，打込茂子先生，押尾直志先生，小原英隆先生，折谷吉治先生，北岡孝義先生，鈴木和志先生，高浜光信先生，中林真理子先生，萩原統宏先生，藤井陽一朗先生，三和裕美子先生，森宮康先生，渡辺良夫先生など多くの先生方から，研究上のアドバイスを頂いている。また商学・経営学・中小企業などで，筆者と関心が近い方も多い。たとえば，菊池一夫先生，出見世信之先生，奈良沙織先生，西剛広先生，原頼利先生，山本昌弘先生，横井勝彦先生など多くの先生方から，データの集め方，分析の手法，文献の見つけ方，研究費の運営方法など，日常的に，アドバイスを受けられる，恵まれた環境にも感謝している。また，現在勤務している明治大学，以前勤務していた城西大学の先生方，事務室からのご支援にも感謝申し上げたい。

Elsevier Science 社には，同社発行の学術雑誌（*Journal of Banking and Finance*）に筆者が発表した論文を基にして，本書の1つの章を執筆することを許可して頂いた。また，生活経済学会，生命保険文化センター，城西大学現代政策学部，明治大学商学部にも，各団体が発行する学術雑誌に筆者が発表した論文を基にして，本書の章を執筆することを許可して頂いた。さらに，本書の研究を進める上で，科学研究費補助金（若手研究・基盤研究），生命保険文化センター，損害保険事業総合研究所，日本証券奨学財団から研究費の助成を受けた。また勤務先である明治大学の海外発信支援事業からは，外国語校閲料，投稿料・掲載料，「Math Everywhere：数理科学する明治大学—モデリングによる現象の解明—」からも助成を受けた。本書の出版にあたっては，「公益財団法人 日本証券奨学財団」から出版の助成を得ることができた。心より謝意を表したい。

　また，筆者が株式会社 帝国データバンクに委託したアンケートに対して，回答して頂いた企業の経営者の皆様にも御礼申し上げたい。こうしたアンケート調査に基づいた中小企業の保険需要の学術分析が可能なのは，日本の強みであると筆者は確信している。つまり，日本では，製造業，中小企業の経営者の皆様の間で，「研究が社会をよくするかもしれない，次世代，未来のために協力してもよい」という考えが社会で広く共有されていて，こうした研究への理

解が，本書のような分析を可能にしていると考えている。

　筆者は，学術の立場から，中小企業の資金制約問題の解決などに貢献できればと願っている。また，本書が学界への貢献だけではなく，少しでもアンケート調査へ協力頂いた中小企業の経営者の皆様，そして保険業界，政策立案者，その他読者の皆様にとって，お役に立つものになっていればと願うばかりである。

　最後になるが，専門書の出版状況の厳しい中，本書の出版を可能にしてくださった，そして，本書の最初の読者としてコメントをしてくださった中央経済社の納見伸之氏，そして，本書の出版に携わってくださった皆様に感謝申し上げる次第である。

　2021年1月

浅井義裕

参考文献

青木恵一 (2010)「オーナー経営者の保険活用」『税務弘報』Vol.58/No.5 pp.75-83。

浅井義裕 (2015a)「中小企業の保険需要とリスクマネジメント―アンケート調査の集計結果―」『明大商学論叢』第97巻第4号 pp.45-82。

浅井義裕 (2015b)「中小企業金融における生命保険解約の実証分析」『生命保険論集』第192号 pp.31-47。

内田浩史 (2011)「企業間信用の機能」『現代ファイナンス』No.29 pp.3-48.

王子信用金庫調査部編著 (1997)『信用金庫の自己査定と融資戦略』近代セールス社。

小野有人 (2007)『新時代の中小企業金融―貸出手法の再構築に向けて』東洋経済新報社。

小野有人 (2011)「中小企業向け貸出をめぐる実証分析：現状と展望」『金融研究』第30巻第3号 pp.95-143。

後藤陽子 (2008)「節税・内部留保のための生保の活用」『税理』Vol.51 No.7 pp.23-30。

小山浩一 (2019)『中小企業と生命保険法人契約』法令出版。

佐藤一郎・浅井義裕 (2013)「中小企業金融におけるリレーションシップバンキングと保険の役割」『城西現代政策研究』第7巻第1号 pp.3-21。

清水克俊・家森信善 (2009)「長期的貸出関係に関する理論と実証：展望」『金融経済研究』第28号 pp.23-46。

杉山正義 (2008)「事業承継・事業保障のための生保の活用」『税理』Vol.51 No.7 pp.47-53。

中小企業庁 (2012)『中小企業白書 (2012年版)』日経印刷。

トムソンネット編 (望月琢彦・古賀輝行・岩本堯・鈴木治・小島修矢・佐藤泰夫・森川勝彦) (2014)『図説 生命保険ビジネス』金融財政事情研究会。

中岡孝剛・内田浩史・家森信善 (2011a)「リレーションシップ型金融の実態(1)：日本の企業ファイナンスに関する実態調査の前半部分の概要」『経済科学』第59巻第1号 pp.1-26。

中岡孝剛・内田浩史・家森信善 (2011b)「リレーションシップ型金融の実態(2)：日本の企業ファイナンスに関する実態調査の後半部分の概要」『経済科学』第59巻第2号 pp.1-27。

根岸二良 (2008)「役員退職金の支払のための生保の活用」『税理』Vol.51 No.7 pp.54-61。

藤井茂男 (2010)「生命保険の会計・税務の取扱い」『税務弘報』Vol.58/No.5 pp.56-65。

160

本郷孔洋（2008）「資金繰りのための生保の活用」『税理』Vol.51 No.7 pp.31-38。

マーシュ・ジャパン（2012）「リスクファイナンスサーベイ　分析レポート」（2012年5月）。

御簾納弘（2008）「変わる生保への課税と中小企業における活用」『税理』Vol.51 No.7 pp.8-14。

武藤泰豊（2010）「事業承継を目的とした生命保険活用」『税務弘報』Vol.58／No.5 pp.100-106。

安田行宏・柳瀬典由（2011）「ヘッジ目的のデリバティブ利用と資本構成の関係についての分析」『東京経大学会誌』第271号　pp.191-204。

柳瀬典由（2014）「保険会社のERM研究に関する学術研究」ERM経営研究会『保険ERM経営の理論と実践』第6章　pp.164-211　金融財政事情研究会。

柳瀬典由・石坂元一・山﨑尚志（2018）『リスクマネジメント』中央経済社。

山元俊一（2008）「役員等の死亡・疾病ための生保の活用」『税理』Vol.51 No.7 pp.39-46。

家森信善・浅井義裕・高久賢也（2012）「中小企業の保険購入に関する調査―アンケート結果のまとめ」『経済科学』第60巻第2号　pp.97-118。

家森信善編著（2014）『地域連携と中小企業の競争力』中央経済社。

GTAC編著（2014）『法人保険で実現する究極の税金対策』幻冬舎メディアコンサルティング。

Abreu, Margarida and Victor Mendes（2010）"Financial Literacy and Portfolio Diversification", *Quantitative Finance* 10（5），pp.515-528.

Adams, Mike B. and Chen Lin and Hong Zou（2011）"Chief Executive Officer Incentives, Monitoring, and Corporate Risk Management: Evidence from Insurance Use", *Journal of Risk and Insurance* 78（3），pp.551-582.

Agarwal, Sumit and Robert Hauswald（2010）"Distance and Private Information in Lending", *Review of Financial Studies* 23（7），pp.2757-2788.

Ahmed, Shamim, Amrit Judge and Syed Ehsan Mahmud（2018）"Does Derivatives Use Reduce the Cost of Equity?", *International Review of Financial Analysis* 60, pp.1-16.

Akhavein, Jalal, Lawrence Goldberg and Lawrence White（2004）"Small Banks, Small Business, and Relationships: An Empirical Study of Lending to Small Farms", *Journal of Financial Services Research* 26（3），pp.245-261.

Alessandrini, Pietro, Andrea F. Presbitero and Alberto Zazzaro（2009）"Banks, Distances and Firms' Financing Constraints", *Review of Finance* 13（2），pp.261-

307.

Allayannis, George and Eli Ofek (2001) "Exchange rate exposure, hedging, and the use of foreign currency derivatives", *Journal of International Money and Finance* 20 (2), pp.273-296.

Allayannis, George and James P. Weston (2001) "The Use of Foreign Currency Derivatives and Firm Market Value", *Review of Financial Studies* 14 (1), pp.243-276.

Allayannis, George, Ugur Lel and Darius P. Miller (2012) "The Use of Foreign Currency Derivatives, Corporate Governance, and Firm Value Around the World", *Journal of International Economics* 87 (1), pp.65-79.

Anderson, Ronald C. and David M. Reeb (2003) "Founding‐Family Ownership, Corporate Diversification, and Firm Leverage", *Journal of Law & Economics* 46 (2), pp.653-684.

Angelini, Paolo, R. Di Salvo and Giovanni Ferri (1998) "Availability and Cost of Credit for Small Businesses: Customer Relationships and Credit Cooperatives", *Journal of Banking and Finance* 22 (6-8), pp.925-954.

Asai, Yoshihiro (2019) "Why Do Small and Medium Enterprises Demand Property Liability Insurance?", *Journal of Banking and Finance* 106, pp.298-304.

Aunon-Nerin, Daniel and Paul Ehling (2008) "Why firms purchase property insurance?", *Journal of Financial Economics* 90 (3), pp.298-312.

Bates, Thomas W., Kathleen M. Kahle and René M. Stulz (2009) "Why Do U.S. Firms Hold so Much More Cash than They Used To?", *Journal of Finance* 64 (5), pp.1985-2021.

Bartram, Söhnke M., Gregory W. Brown and Frank R. Fehle (2009) "International Evidence on Financial Derivatives Usage", *Financial Management* 38 (1), pp.185-206.

Bartram, Söhnke M. (2019) "Corporate Hedging and Speculation with Derivatives", *Journal of Corporate Finance* 57, pp.9-34.

Berger, Allen N. and Gregory F. Udell (1995) "Relationship Lending and Lines of Credit in Small Firm Finance", *Journal of Business* 68 (3), pp.351-381.

Berger, Allen N. and Gregory F. Udell (1998) "The Economics of Small Business Finance: The Roles of Private Equity and Debt Markets in the Financial Growth Cycle", *Journal of Banking and Finance*, 22 (6-8), pp.613-673.

Bigelli, Marco and Javier Sánchez-Vidal (2012) "Cash Holdings in Private Firms", *Journal of Banking and Finance* 36 (1), pp.26-35.

162

Blackwell, David W. and Drew B. Winters (1997) "Banking Relationships and the Effect of Monitoring on Loan Pricing", *Journal of Financial Research* 20 (2), pp.275-289.

Bodenhorn, Howard (2003) "Short-Term Loans and Long-Term Relationships: Relationship Lending in Early America", *Journal of Money, Credit and Banking* 35 (4), pp.485-505.

Bodnar, Gordon M., Gregory S. Hayt and Richard C. Marston (1998) "1998 Wharton Survey of Financial Risk Management by US Non-Financial Firms", *Financial Management* 27 (4), pp.70-91.

Bolton, Patrick and David Scharfstein (1996) "Optimal Debt Structure and the Number of Creditors", *Journal of Political Economy* 104 (1), pp.1-25.

Boot, Arnoud W. A. and Anjan V. Thakor (1994) "Moral Hazard and Secured Lending in an Infinitely Repeated Credit Market Game", *International Economic Review*, 35 (4), pp.899-920.

Boschmans, K. and L. Pissareva (2017) "Fostering Markets for SME Finance: Matching Business and Investor Needs", OECD SME and Entrepreneurship Papers No.6.

Butler, Alexander W. (2008) "Distance Still Matters: Evidence from Municipal Bond Underwriting", *Review of Financial Studies* 21 (2), pp.763-784.

Chen, Jun and Tao-Hsien Dolly King (2014) "Corporate Hedging and the Cost of Debt", *Journal of Corporate Finance* 29, pp.221-245.

Cole, Rebel A. (1998) "The Importance of Relationships to the Availability of Credit", *Journal of Banking and Finance* 22 (6-8), pp.959-977

Cole, Rebel A., Lawrence G. Goldberg and Lawrence J. White (2004) "Cookie-cutter Versus Character: The Micro Structure of Small-business Lending by Large and Small Banks", *Journal of Financial and Quantitative Analysis* 39 (2), pp.227-251.

Cummins, J. David, Richard D. Phillips and Stephen D. Smith (2001) "Derivatives and Corporate Risk Management: Participation and Volume Decisions in the Insurance Industry", *Journal of Risk and Insurance* 68 (1), pp.51-91.

D'Auria, Claudio, Antonella Foglia, Paolo Marullo Reedtz (1999) "Bank Interest Rates and Credit Relationships in Italy", *Journal of Banking and Finance* 23 (7), pp.1067-1093.

Degryse, Hans and Patrick Van Cayseele (2000) "Relationship Lending Within a Bank-Based System: Evidence from European Small Business Data", *Journal of Financial Intermediation* 9 (1), pp.90-109.

Degryse, Hans and Steven Ongena（2005）"Distance, Lending Relationships, and Competition", *Journal of Finance* 60（1）, pp.231-266.

Degryse, Hans and Steven Ongena（2007）"The Impact of Competition on Bank Orientation", *Journal of Financial Intermediation* 16（3）, pp.399-424.

Degryse, Hans and Steven Ongena（2008）"Competition and Regulation in the Banking Sector: A Review of the Empirical Evidence on the Sources of Bank Rents", In: *Handbook of Financial Intermediation and Banking*, Anjan V. Thakor and Arnoud W. A. Boot（Eds.）, pp.483-554, North-Holland, Netherlands.

Degryse, Hans, Moshe Kim and Steven Ongena（2009）*Microeconometrics of Banking Methods, Applications, and Results*, Oxford University Press, Oxford.

Degryse, Hans, Kent Matthews and Tianshu Zhao（2018）"SMEs and Access to Bank Credit: Evidence on the Regional Propagation of the Financial Crisis in the UK", *Journal of Financial Stability* 38, pp.53-70.

Detragiache, Enrica, Paolo Garella, and Luigi Guiso（2000）"Multiple Versus Single Banking Relationships: Theory and Evidence", *Journal of Finance* 55（3）, pp.1133-1161.

Diamond, Douglas W.（1984）"Financial Intermediation and Delegated Monitoring", *Review of Economic Studies* 51（3）, pp.393-414.

Doherty, Neil A.（2000）*Integrated Risk Management*, McGraw Hill（森平爽一郎・米山高生監訳（2012）『統合リスクマネジメント』中央経済社）。

Eling, Martin and Dieter Kiesenbauer（2014）"What Policy Features Determine Life Insurance Lapse? An Analysis of the German Market", *Journal of Risk and Insurance* 81（2）, pp.241-269.

Froot, Kenneth A., David S. Scharfstein and Jeremy C. Stein（1993）"Risk Management: Coordinating Corporate Investment and Financing Policies", *Journal of Finance* 48（5）, pp.1629-1658.

Gao, Huasheng, Jarrad Harford and Kai Li（2013）"Determinants of corporate cash policy: Insights from Private firms", *Journal of Financial Economics* 109（3）, pp.623-639.

Géczy, Christopher, Bernadette A. Minton and Catherine Schrand（1997）"Why Firms Use Currency Derivatives", *Journal of Finance* 52（4）, pp.1323-1354.

Gerald D. Gay, Chen-Miao Lin and Stephen D. Smith（2011）"Corporate Derivatives Use and the Cost of Equity", *Journal of Banking and Finance* 35（6）, pp.1491-1506.

Graham, John R. and Campbell R. Harvey（2001）"The Theory and Practice of

Corporate Finance: Evidence from the Field", *Journal of Financial Economics* 60 (2-3), pp.187-243.

Grossman, Richard S. and Masami Imai (2008) "The Evolution of a National Banking Market in Pre-war Japan", *Explorations in Economic History* 45 (1), pp.17-29.

Han, Li-Ming and Richard MacMinn (2006) "Stock Options and the Corporate Demand for Insurance", *Journal of Risk and Insurance* 73 (2), pp.231-260.

Harhoff, Dietmar and Timm Körting (1998) "Lending Relationships in Germany – Empirical Evidence from Survey Data", *Journal of Banking and Finance* 22 (10-11), pp.1317-1353.

Harrington, Scott and Gregory Niehaus (2003) *Risk Management and Insurance* 2nd Edition, McGraw-Hill/Irwin (米山高生・箸方幹逸監訳 (2005)『保険とリスクマネジメント』東洋経済新報社).

Hau, Arthur (2006) "The Liquidity Demand for Corporate Property Insurance", *Journal of Risk and Insurance* 73 (2), pp.261-278.

Hauswald, Robert and Robert Marquez (2006) "Competition and Strategic Information Acquisition in Credit Markets", *Review of Financial Studies* 19 (3), pp.967-1000.

Hernándes-Cánovas, Ginés and Pedro Martínez-Solano (2007) "Effect of the Number of Banking Relationships on Credit Availability: Evidence from Panel Data of Spanish Small Firms", *Small Business Economics* 28 (1), pp.37-53.

Hoshi, Takeo, Anil Kashyap and David Scharfstein (1990) "The Role of Banks in Reducing the Costs of Financial Distress in Japan", *Journal of Financial Economics* 27 (1), pp.67-88.

Hoshi, Takeo and Anil Kashyap (2001) *Corporate Finance and Governance in Japan: The Road to the Future*, MIT Press Cambridge (鯉渕賢訳 (2006)『日本金融システム進化論』日本経済新聞出版).

Hoyt, Robert E. and Ho Khang (2000) "On the Demand for Corporate Property Insurance", *Journal of Risk and Insurance* 67 (1), pp.91-107.

IFC (2010) *Scaling-up SME Access to Financial Services in the Developing World*, International Finance Corporation, World Bank Group.

Jeng, Vivian and Gene C. Lai (2005) "Ownership Structure, Agency Costs, Specialization, and Efficiency: Analysis of Keiretsu and Independent Insurers in the Japanese Nonlife Insurance Industry", *Journal of Risk and Insurance* 72 (1), pp.105-158.

Jia, Joy, Mike Adams and Mike Buckle (2011) "The Strategic Use of Corporate Insurance in China", *European Journal of Finance* 17 (8), pp.675-694.

Jia, Joy, Mike Adams and Mike Buckle (2012) "Insurance and Ownership Structure in India's Corporate sector", *Asia Pacific Journal of Management* 29 (1), pp.129-149.

Jiangli, Wenying, Haluk Unal and Chiwon Yom (2008) "Relationship Lending, Accounting Disclosure, and Credit Availability during the Asian Financial Crisis", *Journal of Money, Credit and Banking* 40 (1), pp.25-55.

Jiménez, Gabriel and Jesús Saurina (2009) "Organizational Distance and Use of Collateral for Business Loans", *Journal of Banking and Finance* 33 (2), pp.234-243.

Kim, Young Sang, Ike Mathur, Jouahn Nam (2006) "Is Operational Hedging a Substitute for or a Complement to Financial Hedging?", *Journal of Corporate Finance* 12 (4), pp.834-853.

Kuzmina, Olga and Olga Kuznetsova (2018) "Operational and Financial Hedging: Evidence from Export and Import Behavior", *Journal of Corporate Finance* 48, pp.109-121.

Lai, Gene C. and Piman Limpaphayom (2003) "Organizational Structure and Performance: Evidence fom the Nonlife Insurance Industry in Japan", *Journal of Risk and Insurance* 70 (4), pp.735-757.

Lehmann, Erik and Doris Neuberger (2001) "Do Lending Relationships Matter? Evidence from Bank Survey Data in Germany", *Journal of Economic Behavior and Organization* 45 (4), pp.339-359.

Lel, Ugur (2012) "Currency Hedging and Corporate Governance: A Cross-country Analysis", *Journal of Corporate Finance* 18 (2), pp.221-237.

Liebenberg, Andre P., James M. Carson and Robert E. Hoyt (2010) "The Demand for Life Insurance Policy Loans", *Journal of Risk and Insurance* 77 (3), pp.651-666.

Liebenberg, Andre P., James M. Carson and Randy E. Dumm (2012) "A Dynamic Analysis of the Demand for Life Insurance", *Journal of Risk and Insurance* 79 (3), pp.619-644.

Lin, Chen, Ping Lin and Hong Zou (2012) "Does Property Rights Protection Affect Corporate Risk Management Strategy? Intra- and Cross-country Evidence", *Journal of Corporate Finance* 18 (2), pp.311-330.

MacMinn, Richard D. (1987) "Insurance and Corporate Risk Management",

Journal of Risk and Insurance 54 (4), pp.658-677.

Main, Brian G. M. (1983) "Corporate Insurance Purchases and Taxes", *Journal of Risk and Insurance* 50 (2), pp.197-223.

Mayers, David and Clifford W. Smith, Jr. (1982) "On the Corporate Demand for Insurance" *Journal of Business* 55 (2), pp.281-296.

Mayers, David and Clifford W. Smith, Jr. (1987) "Corporate Insurance and the Underinvestment Problem", *Journal of Risk and Insurance* 54 (1), pp.45-54.

Mayers, David and Clifford W. Smith, Jr. (1990) "On the Corporate Demand for Insurance: Evidence from Reinsurance Market", *Journal of Business* 63 (1), pp.19-40.

Nance, Deana R., Clifford W. Smith, Jr. and Charles W. Smithson (1993) "On the Determinants of Corporate Hedging", *Journal of Finance* 48 (1), pp.267-284.

OECD (2016) *Entrepreneurship at a Glance 2016*, OECD Publishing.

Ono, Arito and Iichiro Uesugi (2009) "Role of Collateral and Personal Guarantees in Relationship Lending: Evidence from Japan's SME Loan Market", *Journal of Money, Credit, and Banking* 41 (5), pp.935-960.

Peltoniemi, Janne (2007) "The Benefits of Relationship Banking: Evidence from Small Business Financing in Finland", *Journal of Financial Services Research* 31 (2), pp.153-171.

Petersen, Mitchell A. and Raghuram G. Rajan (1994) "The Benefits of Lending Relationships: Evidence from Small Business Data" *Journal of Finance* 49 (1), pp.1367-1400.

Petersen, Mitchell A. and Raghuram G. Rajan (1995) "The Effect of Credit Market Competition on Lending Relationships", *Quarterly Journal of Economics* 110 (2), pp.407-443.

Rajan, Raghuram G. and Luigi Zingales (2003) *Saving Capitalism From the Capitalists: Unleashing the Power of Financial Markets to Create Wealth and Spread Opportunity*, Crown Business, New York.

Regan, Laureen and Yeon Hur (2007) "On the Corporate Demand for Insurance: The Case of Korean Nonfinancial Firms", *Journal of Risk and Insurance* 74 (4), pp.829-850.

Russell, David T., Stephen G. Fier, James M. Carson, and Randy E. Dumm (2013) "An Empirical Analysis of Life Insurance Policy Surrender Activity", *Journal of Insurance Issues* 36 (1), pp.35-57.

Smith, Clifford W. and René M. Stulz (1985) "The Determinants of Firms' Hedging

Policies", *Journal of Financial and Quantitative Analysis* 20 (4), pp.391-405.

Stulz, René M. (1984) "Optimal hedging policies" *Journal of Financial and Quantitative Analysis* 19 (2), pp.127-140.

Triki, Thouraya (2005) "Research on Corporate Hedging Theories: A Critical Review of the Evidence to Date", HEC Montreal Working paper 05-04.

Uchida, Hirofumi, Gregory F. Udell and Nobuyoshi Yamori (2012) "Loan Officers and Relationship Lending to SMEs", *Journal of Financial Intermediation* 21 (1), pp.97-122.

Yamori, Nobuyoshi (1999) "An Empirical Investigation of the Japanese Corporate Demand for Insurance", *Journal of Risk and Insurance* 66 (2), pp.239-252.

Yamori, Nobuyoshi and Takeshi Kobayashi (2002) "Do Japanese Insurers Benefit from A Catastrophic Event?: Market Reactions to the 1995 Hanshin-Awaji Earthquake", *Journal of the Japanese and International Economies* 16 (1), pp.92-108.

Yamori, Nobuyoshi and Taishi Okada (2007), *The Japanese Insurance Market and Companies: Recent Trends*, In: *Handbook of International Insurance: Between Global Dynamics and Local Contingencies*, J. David Cummins and Bertrand Venard (Eds.), pp.147-204, Springer, New York.

Yasuda, Ayako (2007) "Bank Relationships and Underwriter Competition: Evidence from Japan", *Journal of Financial Economics* 86 (2), pp.369-404.

Zou, Hong, Mike B. Adams and Mike J. Buckle (2003) "Corporate Risks and Property Insurance: Evidence from the People's Republic of China", *Journal of Risk and Insurance* 70 (2), pp.289-314.

Zou, Hong and Mike B. Adams (2006) "The Corporate Purchase of Property Insurance: Chinese Evidence", *Journal of Financial Intermediation* 15 (2), pp.165-196.

Zou, Hong (2010) "Hedging Affecting Firm Value via Financing and Investment: Evidence from Property Insurance Use", *Financial Management* 39 (3), pp.965-995.

索　引

【著者紹介】

浅井　義裕（あさい・よしひろ）

明治大学商学部准教授　博士（経済学）

1977年，名古屋市に生まれる。2000年名古屋大学経済学部経済学科卒業，2002年名古屋大学大学院経済学研究科博士前期課程修了，2005年ニューヨーク州立大学バッファロー校（Master of Arts in Economics），2006年名古屋大学大学院経済学研究科博士後期課程修了。

城西大学現代政策学部助手，同助教，明治大学商学部専任講師，カリフォルニア州立大学ノースリッジ校客員研究員などを経て，2016年4月より現職。2017年に生活経済学会奨励賞を受賞。主な論文に，Asai, Yoshihiro (2019) "Why Do Small and Medium Enterprises Demand Property Liability Insurance?", *Journal of Banking and Finance* 106, pp.298-304. などがある。

中小企業金融における保険の役割

2021年3月5日　第1版第1刷発行

著　者　浅　井　義　裕
発行者　山　本　　　継
発行所　㈱中　央　経　済　社
発売元　㈱中央経済グループ
　　　　パ ブ リ ッ シ ン グ

〒101-0051　東京都千代田区神田神保町1-31-2
電　話　03(3293)3371(編集代表)
　　　　03(3293)3381(営業代表)
https://www.chuokeizai.co.jp
印刷／東光整版印刷㈱
製本／誠　製　本　㈱

© 2021
Printed in Japan

＊頁の「欠落」や「順序違い」などがありましたらお取り替えいたしますので発売元までご送付ください。（送料小社負担）

ISBN 978-4-502-37311-4 C3033

ベーシック＋プラス
Basic Plus

Let's START!

学びにプラス！
成長にプラス！
ベーシック＋で
はじめよう！

いま新しい時代を切り開く基礎力と応用力を兼ね備えた人材が求められています。

このシリーズは，各学問分野の基本的な知識や標準的な考え方を学ぶことにプラスして，一人ひとりが主体的に思考し，行動できるような「学び」をサポートしています。

ベーシック＋専用HP

教員向けサポートも充実！

中央経済社